用夢想設計你的人生

自己的未來，自己做主；
──自己的人生，自己設計。

──Vito大叔──著

600天生命蛻變奇蹟！
Vito大叔的365人生設計課

方舟文化

當你不再有夢想，
人生就提早結束了

愛瑞克
TMBA 共同創辦人，《內在原力》系列作之作者

　　我常在演講時提醒聽眾：「當一個人不再輕易相信夢想，那才是真的老了。」一個人無論年紀多大，只要懷抱夢想、勇於追尋夢想，那麼他永遠都是年輕的。而那些失去夢想、不再敢有夢想的人，有如行屍走肉，等著壽終正寢的時候再埋葬。

　　本書最具價值之處，是作者提出「壹壹法則」，有方法、有步驟，一步一步教導讀者如何「實踐」夢想。倘若只談「向宇宙下訂單」，而自己什麼努力都不付出，就要求宇宙幫忙「顯化」，那是空談。夢想是「實踐」而來，不是在半空中自己顯化出來。

一個人對自己的夢想有所承諾，是一切的開始，視為「**因**」；但有因未必會有果，重點在於「**緣**」，也就是過程中所有一切的努力和機遇。如作者所說：「你得先親自動手將它種進土裡，然後每天細心地澆水照顧好它。最重要的是，你得要有耐心等待到夢想冒出芽後，才能親眼見證它開出美麗花朵的那一天。」土壤、澆水、耐心照顧，都是過程中必要的「緣」。

當然，我們付出一切努力之後，不代表百分之百會有好的結果，因為還有某些「機緣」是上天決定，非我們所能控制。想要實踐夢想，必須將專注力放在我們可控的因和緣上，當碰到不好的機緣，盡量讓負面影響限縮到最小範圍，就算最後是失敗，也不要怨天尤人，這樣才能吸引更多將來的好機緣。別忘了，人在做，天在看；你在做，別人在看，若你一失敗就開始遷怒他人，那麼所有人就會以光速遠離你，離得愈遠愈好，於是平白斷了自己將來的好機緣。

最後一條法則「接受安排，擁抱奇蹟」是相當重要的一條，也是許多人所忽略的部分。遇到失敗，不代表我們所付出的努力都白費，因為生命是一個長期而持續的累積過程，人生沒有白走的路，每一步都算數。

作者以他年近半百的人生體會，濃縮成為此書的精華智

慧。他大聲倡導，無論在幾歲的年紀，都要心懷夢想，有方法有步驟地去實踐自己夢想；同時他也細心經營、用心耕耘屬於他個人品牌的一方沃土。只要有心，人人都可以敗部復活，透過設計與執行，一步一步活出最好的人生版本！

　　願夢想與大家同在！

跟著 Vito 大叔
設計自己夢想的航道

宋怡慧

新北市丹鳳高中圖書館主任、作家

有句話說：「你此生遇見的每一個人，都是你生命當中該出現的人，絕非偶然。」初次遇見 Vito 大叔時，剛好遇到生命的大低潮，忍住心中的悲傷，淡定地上完他的 Podcast 節目。在我離開前大叔叫住我：「怡慧，你要開心點喔！有任何事都要說出來，一起加油！」沒錯，記憶裡的大叔就是如此溫暖又能洞悉他人困頓的心靈療癒師。當我闔上《用夢想設計你的人生》的頁扉，終於明白：你永遠不要擔心自己失去的美好，而是有自信且努力去創造嶄新的生活！

Vito 大叔擘劃 600 天的夢想流光，讓我看見生命蛻變的奇蹟。猶如普魯斯特說過：「真正的發現之旅不在於尋找新大

陸，而是以新的眼光去看事物。」我在這本書裡感受到大叔探索夢想及設計人生的 600 天的確無與倫比地踏實與精彩。同時，依稀也窺見全新 Vito 正對讀者燦笑地揮著手：快來走一遭用夢想設計的旅程吧！當我們把最關鍵的四大元素——熱情、職業、工作、使命融為一體時，才能真切地找回對世界的好奇，願意嘗試的勇氣，讓生活有機會閃閃發亮起來，只因你重新為自己打造了專屬的夢想人生。

當我試著列出夢想清單時，終是啟動了追逐夢想的按鈕，就如同人生如棋，落子無悔。或許，長久以來，我缺的不是好的機會去躍遷，而是不願勇敢探索未知的自我設限。夢想被怠惰／責怪／完美主義拖延了，大叔要讀者跟著他去實踐、去行動，你學會把握每個怦然心動的瞬間，讓夢想的羽翼帶著你翱翔在夢想的天際，你不再膽怯、徬徨。當你掌握讓夢想——實現的「壹壹法則」時，你正練習穩健地搭建夢想的鷹架。當你觸動設計師的天賦，你變身為能夠解決問題的人，你不再恐懼生活層出不窮的難題，甚至你找到熱情去扭轉困境。根據設計人生五步驟去嘗試，你就能成為積極行動，接受安排，擁抱光采奕奕與幸福的人生設計師。

書中最有感的篇章是好時光日誌，它等同我每日書寫的善意日記，讓歲月的美善以文字佐愛的筆墨，留住日子的溫

暖與陽光，篩下傷感失意的苦澀，釐清紛亂的思緒，同時，也思考著明日與未來的人生儀表板。一如一代宗師說的：「念念不忘，必有迴響。有燈，就有人」，正也是我們保有對夢想與人生最初也是最真的念想。

至於「奧德賽計畫」的練習，讓我明白日積有功的力量，必能讓我們抵達群花爭妍的人生。《用夢想設計你的人生》是大叔以智慧折射出人生的廣度和深度，我們了然回憶讓我們框住過去的熠熠時光；夢想把我們帶往未來的燦然世界，原來，我們正前行於「見自己，見天地，見眾生」的人生航道了。

Contents

故事的原點

在每個人的一生中，總會面臨許多徬徨無助的時刻。就像是漫步在森林中偶遇的一陣濃霧，或是行駛在高速公路上突如其來的一場車禍，都會逼得你不得不停下腳步，無奈地停留在原地動彈不得。

對於即將邁入知天命之年的我來說，這樣的情境彷彿是人生常態。回顧過往，自己曾經不只一次遭遇命運無情的變故，因為這些美麗的生命轉折，讓我從一個原本沒沒無聞的上班族，突然間變成了一位有點不平凡的大叔。

我的故事要從二〇二〇年的五月一日開始說起，當時受到 COVID-19 疫情的影響，自己突然失去一份穩定的工作，成為了一位中高齡失業者，開始踏上一趟探索工作以及人生意義的意外旅程。

當你有一天醒來時突然發現，自己在職場上拚命搏鬥了

這麼多年，好不容易才累積出來的那些名聲、地位以及財富，瞬間都化成了大大小小不同的泡沫，緊接著一個又一個在眼前開始破滅時……那種痛苦的感受，除了用「錐心泣血」來形容，我實在找不出其他更恰當的形容詞了！

在經歷了一段漫長的休息、沉潛、內省，並且反思之後，我驚訝地發現，在自己過往的一生中，幾乎大部分的時間都在幫助別人完成他們的目標跟理想。從小到大，我從未思考過，也從來都不知道自己真正的夢想究竟會是什麼？

我的志願，一直是父母的期望；我的工作，一直是社會的需求；而我的夢想，也一直被壓抑隱藏在心底深處最陰暗、也最不為人知的那些角落裡……。

不知不覺中，我慢慢變成了一個在職場中迷失靈魂、喪失熱情、活得如同行屍走肉的中年上班族。我開始討厭穿著不自在的西裝，更厭惡戴上虛偽的假面具，重複過著周而復始毫無希望的每一天。

直到四十五歲那年，上帝突然間派老闆送來了「失業」這份大禮的那一天起，我才開始誠實面對內在的聲音，真正勇敢活出了自己想要的人生。

我把那段時間所有的心路歷程，全數如實記錄在自己的第一本書《倒數 60 天職場生存日記》裡。

延續《倒數 60 天職場生存日記》
的故事發展，在四十六歲幸運出了自
己的第一本書之後，我除了順利回到
職場，也實現了許多寫在日記裡的夢
想。原本以為從此之後，自己就能過
著幸福快樂的日子，但現實生活中的
人生，卻總是殘忍地上演著出乎意料
之外的劇情發展。

《倒數 60 天職場
生存日記》

　　三年前，我只用六十天就改寫了自己的未來。但這一
次，我整整花了六百天才重新打造出自己想要的人生！

　　我究竟是怎麼做到的呢？在這段時間裡又都發生了什麼
事情呢？就讓我帶著你搭上時光機，一起回到兩年前的那段
時光……。

序章
一場全新的旅程

重返職場

二○二一年五月十九日，因 COVID-19 本土疫情持續嚴峻，指揮中心首度宣布提升全國疫情至第三級警戒，之後更是一路延長到了七月二十六日，才重新降回了二級警戒。

受到這場世紀疫情的影響，許多公司除了紛紛關閉職缺外，更開始精簡控制起了人力。對於一位超過四十五歲的中高齡失業者來說，當時的求職環境可說真的是有史以來最嚴峻的一段時期。

趁著《倒數 60 天職場生存日記》出版的新書宣傳期間，我拚了命地把握住每次行銷自己的機會。在一連串媒體的專訪報導以及社群網路的推波助瀾下，好不容易終於獲得了工作的機會，以約聘顧問的身分重新回到了久違的職場。

一直到現在，我都忘不了當時願意伸出手給我機會的每一位貴人，尤其是全台灣最大、最活躍的天使投資社群「識富天使會」美麗的執行長 Kate 與創辦人 Sunny 哥。你們除了是新創圈裡最專業的天使投資人，更是我心目中最善良的天使老闆！

我的工作時數從剛開始的每週一天，慢慢增加為每週兩天的頻率，然後再隨著專案的需求，最終調整成為每週三天

的工作時間。這就像是受傷後的復健過程一樣，你得先培養出足夠的耐心，才能再重新找回自信跟力量。

因為這次特殊的就業經驗，我衷心建議所有中高齡的求職者們，不要在嘗試重新回到職場的時候，先替自己設下過高的門檻。探索人生下半場新工作的過程，其實就像是尋找人生第二春的老伴一樣，你得先創造出一個能夠認識對方的機會，然後透過幾次約會慢慢了解彼此，接著確認雙方的價值觀與生活習慣是否吻合，最後才手牽手一起邁向人生的下一站幸福。

先求有、再求好，首先不吝給彼此一個機會，才能夠獲得真正的幸福！

當機會來臨的時候，先好好把握住再說

好不容易回到職場之後，因為沒有太多新創產業的經驗，所以我每天都在努力適應學習，除了心裡頭的壓力時刻大到爆表，更有無數次想要直接投降放棄。

然而我當時在心裡頭不斷地告訴自己：「這一切都是適應新環境的過程而已，就想像自己正在跑一場馬拉松，現在只要咬著牙挺過人生後半場的撞牆期就行了！」

就這樣經過了一段時間，我終於慢慢適應了新的工作內容，找到能夠發揮專長的位置，也重新恢復了過往對於工作的「手感」以及「步調」。

人生沒有白走的路、更沒有白流的汗。

在那段重返職場的時間裡，我除了學會超多關於創新以及創業的知識，也認識了許多活躍在新創圈的大神們。這些當時所累積下的珍貴人脈資產以及實務經驗，都幫助我在日後的個人品牌發展之路上，行走得遠比一般人還要更加穩健順利。

也正是透過這一次的經驗，我更加肯定了工作的價值除了有價的薪水之外，更包含了無可衡量的學習經驗以及成長收穫！

要選擇上班還是該勇敢創業？天人交戰陷入兩難

等到工作慢慢上了軌道之後，我決定利用上班之餘的時間，積極發展自己才剛起步的個人品牌，除了持續透過寫作分享之外，也開始投入下一個新的計畫「Podcast 頻道」的創立準備。

在那段日子裡，我第一次體驗到了「斜槓創業」的複雜心情，除了內在的心路歷程是那樣地艱辛，外在面對市場的

挑戰更是令人難忘。直到現在，只要有讀者私訊問我：「該繼續上班？或是辭職創業？」我都會回想起當時每天都像是蠟燭兩頭燒的忙碌感受。

上班雖然帶來了穩定的收入與持續的成長，但不知怎麼地，我時常在心裡浮現出一個相同的問題：「這，真的是自己想要的人生嗎？」

回顧過去二十多年的職場經驗，我從未懷疑過自己所選擇的工作，不但在每個當下全力以赴，對所有任務更是使命必達。當生平第一次在心中產生了疑惑之後，我決定要好好面對這個課題，找出埋藏在內心深處真正的答案。

我陸續上了一些課程，也持續看了許多相關的書籍，希望能夠找到解決問題的蛛絲馬跡，但始終都沒太大的收穫。直到認識了公司的實習生佑瑄之後，才意外發現了解題的答案。

再一次學習的機會

有句話說：「你此生遇見的每一個人，都是你生命當中該出現的人，絕非偶然。」

至聖先師孔子也說過：「三人行，必有我師。」

我萬萬沒想到，改變自己生命的關鍵線索，竟然會隱藏

在一位年紀輕輕的實習生身上……。

當學生準備好的時候，老師就會出現

當時在公司裡負責社群行銷的佑瑄剛從學校畢業不久，她除了是一位青春美少女，也是一個混身充滿了創意的鬼靈精。大學時選讀企管輔修設計的她，在求學期間當過游泳教練、寫過品牌文案、到過不同的公司單位實習過。後來她更成為了全台最大創業經驗分享社群 Workface Taipei 的城市召集人。

透過跨校選修課程的機會，她與一群一起上課的夥伴們共同創立了 Detour 人生設計團隊。在台大每個學期的「設計你的人生」正式學分課程當中，同時身兼課程設計以及引導講師，活出了自己豐富多元的獨特人生。

與時下焦慮找工作的應屆畢業生不同，佑瑄每天都透過不同的角色，同時體驗著各種工作型態帶給自己的學習以及收穫。我在才二十歲出頭的她身上，看見了已經接近五十歲的自己早已消失殆盡的好奇心、行動力，以及探索世界的熱情與勇氣。

設計人生教練
佑瑄

每次跟佑瑄開會，我們總有著討論不完的想法以及議題，某次專案會議結束之後的閒聊時間，我終於按捺不住心中的疑惑，直接開口問了佑瑄過往的求學歷程，以及她究竟是接受了何種獨特的啟蒙教育，才培養出如此獨特的人生價值觀？

　　當時我原本預期聽見的會是華德福學校*之類的答案，沒想到她分享的竟然是「設計人生」這套獨特的方法論。

Detour 粉專

　　於是二〇二一年底，在佑瑄的鼓勵之下，我報名參加了「台大設計人生－引導員培訓課程」，就此踏上了這條學習並實踐「設計人生」的成長之路。

　　在設計人生中，我最喜歡的是那些帶來改變的瞬間，以及隨之而來，感動人心的故事。

Detour 人生
設計團隊

＊　註：華德福教育（Waldorf Education）是源自奧地利哲學家、「人智學」創始人魯道夫・史代納（Rudolf Steiner）的一種教育理念。注重人性化，以主張創意、慢學的自然教育為主。

原來，創造出快樂又有意義的人生一點都不難，只要先勇敢踏出第一步，從給自己再一次學習的機會開始即可。

當你準備好的時候，答案就會出現！

自己的人生，自己設計

想知道我是如何「用夢想設計出自己的人生」的嗎？

這本書如實記錄下了我探索夢想的過程，以及自己是如何透過「設計人生」的方法，用六百天的時間打造夢想，慢慢從一個徬徨迷惘的中年男子變成了圖文作家、課程講師、Podcast 節目製作主持人，以及設計人生教練的探索歷程。

書中第二章以及第三章中所分享關於設計人生的方法以及練習內容，大部分是參考《做自己的生命設計師》、《做自己的工作設計師》兩本書籍以及「台大設計人生 - 引導員培訓課程」的內容歸納整理而成，再加上少部分個人的演繹說明、心得分享以及調整應用。

為了表達對於「設計人生」原課程以及著作的尊重，我將直接引述沿用相關的專有名詞，例如：設計人生的五個執行步驟、生命設計師的六種心態，以及各種練習的名稱以及過程。以利大家在延伸閱讀本書的過程中，可以與原作書籍

做為對照使用。

如果你想要了解更多關於這堂來自於「史丹佛大學人生實驗室」（Life Design Lab）的生涯規劃課「設計你的人生」（Designing Your Life）的一切，歡迎聯繫「台大創新設計學院」（D-School）以及「Detour 人生設計團隊」進行正式課程的學習以及研究。

你準備好了嗎？請帶著一顆期待改變的心，開始跟我一起踏上這場「探索夢想」以及「設計人生」的全新旅程吧！

第一章
關於夢想

你相信夢想嗎？

坦白說，以前的我是不大信的，原因很簡單，因為自己許下的夢想幾乎都沒實現過……。

但後來，我發現其實真正的問題都出在自己身上，我不是許下了錯誤的夢想，就是找不到實現的方法。在我向宇宙下訂單的同時，宇宙也用了另外一種意想不到的方式，不斷地測試、回饋，並且修正我所提出的願望。

然而愚昧的我，不但接受不到宇宙傳來的訊息，還總是習慣怪東怪西、怨天怨地，最後更漸漸地失去了相信夢想的能力。

我一直認為，每個人都應該要有夢想。尤其是對於身處在人生汪洋之中的人來說，夢想就像是持續發出微弱燈光的燈塔一樣，指引著我們在重重迷霧之中破浪前進，安全抵達期盼已久的目的地。

如果你曾經在一望無際的大海上漂流，親身體驗過那種接連好幾天都碰不著陸地、也看不見其他船隻的孤獨感。你就一定能夠了解，在生命中迷航時那種徬徨無助的感受。

人生最慘的不是沒有能力繼續前進，而是突然間失去了目標，以及下一個方向。

夢想的形式很多，不一定要跟工作畫上等號。如果你決

心想把夢想與工作結合在一起，成就雙贏的人生，那就必須得先找到真正屬於自己的夢想。

很多人都以為圓夢的過程就像是跟神燈巨人許願一樣，只要大聲地說出夢想，就能夠心想事成，瞬間得到你想要的一切。但事實上，實現夢想有一套規律的法則跟方式，首先，得先從種下一顆對的種子、許下一個真心的願望開始。

小時候常聽老一輩的人說：「人若衰，種瓠仔，生菜瓜。」*雖然這是一句玩笑話，但如果你用科學的角度仔細思考，一定會發現這肯定是不可能的事情。因為會有此結果的事實真相——你在一開始的時候，種下的那顆種子就是菜瓜，而不是瓠仔。

夢想可以很大，也可以很小，無關乎對與錯，只要是真心想要追求的，那就是你的目標。

你的夢想是什麼？

從小到大，我曾經有過很多跟大家差不多的願望，像是賺大錢、做大事，或是環遊世界之類的夢想。如果你問我心

---

* 註：閩南語俗諺，用以比喻運氣不佳、事與願違。

中真正的夢想是什麼？坦白說，我還真的回答不出來……。

通常隨著年紀越來越大，每個人的夢想都會悄悄地改變。尤其是當某一天，你開始學會腳踏實地過著平凡的日子之後，這時還能留在心中的那些理想，應該就是靈魂真心的渴望了！

曾經有不同國家的學者，針對臨終前的老人以及病患做了一份研究調查，統計受訪者此生最後悔的幾件事情究竟是什麼？

毫無意外地，**沒有盡情去做想做的事、沒能實現自己的夢想、沒能好好活過每一天**，成為了最多人心中最大的遺憾。

在《死前會後悔的 25 件事：一千個臨終病患告訴你人生什麼最重要》一書中，日本安寧緩和醫療專科醫師大津秀一整理提出了最具代表性的遺憾清單，內容包含了：

- 不重視健康。
- 沒有做自己想做的事。
- 深信只有自己是最好的。
- 沒有吃好吃的東西。
- 全心工作，沒時間培養興趣。
- 未曾談過刻骨銘心的戀愛。

- 未能留下自己活過的證據。

- 未能及時對所愛的人說「謝謝」。

　　如果你從未思考過自己真正的夢想是什麼，或許可以好好透過這份清單，從中尋找改變人生的線索。

　　我在大約三十五歲的時候，警覺到自己的身材突然走樣，體力也變得越來越差，更糟糕的是還開始出現了高血壓的症狀。有一次在看電視體育台轉播的夏威夷 IRONMAN 鐵人三項世界冠軍賽時，心中突然冒出了一個不可思議的想法：「我要在有生之年，挑戰完成全程 226K* 的鐵人三項！」

　　因為這個目標，我開始培養規律的運動習慣，這十多年來陸續完成了多場標準 51.5K、以及半程 113K 的鐵人賽事。在寫下這本書的同時，我也剛報名了二〇二四年四月在台東的下一場比賽，準備好好享受重回賽道的熱血感受。

　　一個真心許下的夢想，會讓你的人生開始產生不同的變化，同時賦予生命全新的意義！

---

* 　註：即二百二十六公里。

　　想邁向自我實現之路，首先得撒下夢想的種子。你的夢想是什麼呢？一起試著拿出紙筆，不假思索地寫下十個此刻腦中浮現的夢想，建立一份初階的夢想清單吧！

我 的 夢 想 清 單

1. _____

2. _____

3. _____

4. _____

5. _____

6. _____

7. _____

8. _____

9. _____

10. _____

夢想的三個特徵

不知道你有沒有發覺，自己的夢想總是變來變去的，尤其是在不同的人生階段裡頭。

我小時候的想法很單純，希望能夠擁有一間玩具店，跳進一個裝滿了可口可樂的大泳池裡邊喝邊游泳，還有能夠趕快長大。（我實現了最後那個願望）

後來我的夢想變成擁有一輛帥氣的紅色跑車、一間有院子的氣派大房子，還有能夠環遊全世界。（我實現了半個，開著一台帥氣的紅色老車）

畢業進入職場開始工作後，我的夢想隨著社會化的過程慢慢改變，不知道從什麼時候起，「賺大錢」突然變成了最重要的一個目標。因為只要有錢，我就能夠實現所有的夢想。只要有很多錢，我就可以盡情買下自己喜歡的跑車、豪宅，以及安排一趟奢華的環遊世界旅程。

我每天不斷追逐著眼前的名利，努力大步邁向出人頭地的目標，不知不覺中遺忘了其他的夢想。直到上帝突然間送來了「中年失業」這份大禮，我才突然警覺到，過去汲汲營營追求的那些成就，其實都不是自己真心渴望的夢想。

於是我決定暫時停下腳步，開始跟內心對話，希望能夠

重新找回自己內心深處真正的目標。

透過粉絲團的公開發文，我開始分享實踐夢想的過程，也把自己在過程中領悟到的點點滴滴，彙集整理成了「寫下實現夢想的日記」課程。

我發現真正的夢想跟真愛很像，它們總是習慣披上一層偽裝的保護色，偷偷躲藏在那些觸手可及、卻又看不清楚的角落裡，像是在玩捉迷藏遊戲一樣，等待著被你親手揪出來。

「真正重要的東西，只用眼睛是看不到的。」

如果你一直看不清楚自己的夢想究竟藏在哪裡，不妨透過以下這三個明顯的特徵，留意內心的感受，找出夢想的蛛絲馬跡——

特徵一：夠動心

無論是「讓人怦然心動的瞬間」、「彷彿被雷打到的感覺」或是「全世界突然間停止了轉動」都可以用來形容這種當下無法言喻的神奇感受。村上春樹曾經這樣寫過：「四月裡一個晴朗的早晨，我在原宿的一條巷子裡，和一位 100% 的女孩擦肩而過。並不是怎麼漂亮的女孩，也沒穿什麼別致的衣服，頭髮後面，甚至還殘留著睡覺壓扁痕跡，年齡很可能已經接近三十了。可是從五十公尺外，我已經非常肯定，她

對我來說，正是 100% 的女孩。從第一眼望見她的影子的瞬間開始，我的心胸立刻不規則地跳動起來，嘴巴像沙漠一樣火辣辣地乾渴。」*

這就是動心的感覺。如果你突然間遇見 100% 的夢想，請一定要好好留意這個宇宙特地傳來的強烈訊號！

特徵二：夠持續

當你動了心之後，通常會先猶豫一下子，接著內心的小劇場就會開始上演。

我真的可以嗎？我做得到嗎？這真的是我想要的嗎？

住在你腦袋裡的理性天使會開始跟感性精靈對話，想出一百個拒絕自己的好理由。不過別懷疑，這是一個好的過程。每個人擁有的資源都有限，慾望卻是無窮，這個過程剛好可以幫助你篩選掉那些披著夢想外衣的雜念以及妄想。

一個真正的夢想是經得起時間考驗的，如果你在午夜夢迴時常常不經意地想起同一件事情，經過好長一段時間之後依舊無法輕易忘懷，那就請好好接受這個強烈的暗示。

一個真正的夢想是無法輕易被遺忘的，就算你不小心忘

---

* 　註：出自〈四月某個晴朗的早晨遇見 100% 的女孩〉。

記了它，它也一定會如影隨形地跟著你，直到你願意正視它的那一天為止！

特徵三：夠恐懼

通常越大的夢想，總會伴隨著越深的恐懼。當你一想到某件事情就會莫名其妙地感到興奮、甚至無可救藥地全身發抖時，毫無疑問，那就是你命中註定得要完成的目標！

我在四十二歲時決定要挑戰自己人生的第一場全程馬拉松，當時整個人都緊張害怕到不行，深怕自己沒辦法在規定的五個半小時內回到終點，留下遺憾的結果。後來好不容易才克服了心中的恐懼，鼓起勇氣站上了起跑線，一步一步地賣力跑向終點，最終的完賽時間是五小時二十九分零五秒，順利完成了這個目標。

透過這次的經驗，讓我明白了在實現夢想的過程中，恐懼其實是不可或缺的一股強大力量。你越是在意，就越會感到恐懼，唯有勇敢面對心中的恐懼，才能踏出實現夢想的第一步。

請好好留意那些會讓自己深深懼怕的事物，因為你此生最大的夢想，或許就隱身在其中……。

真正重要的東西，只用眼睛是看不到的。我們的夢想常常躲藏在觸手可及、卻又看不清楚的角落裡，接下來請依照夢想的三個特徵：夠動心、夠持續、夠恐懼，審視自己剛剛寫下的十個夢想清單，並且重新修正內容。

我 的 夢 想 清 單

	動心	恐懼	持續
1.	☐	☐	☐
2.	☐	☐	☐
3.	☐	☐	☐
4.	☐	☐	☐
5.	☐	☐	☐
6.	☐	☐	☐
7.	☐	☐	☐
8.	☐	☐	☐
9.	☐	☐	☐
10.	☐	☐	☐

夢想的三大包袱

看著自己親手寫下的夢想清單，有沒有一種很興奮的感覺呢？

如果你發現自己的夢想跟去年、前年，甚至十年前幾乎一樣，那問題很有可能就出在：你背負了三個阻礙夢想實現的沉重包袱。

想像一下，如果你在出發旅行之前，整理行李時不小心塞進了太多用不著的東西，除了託運時可能會超重，一路上拖著一個巨大笨重的旅行箱也會讓你寸步難行，無法輕鬆享受沿途美麗的風景。

接下來，便讓我們一起用力地擺脫這三個如影隨形、寸步不離跟隨著自己的討厭包袱吧！

包袱一：怠惰

天主教教義中對人類的惡行區分為七類，通稱為「七宗罪」（傲慢、嫉妒、憤怒、怠惰、貪婪、暴食、色慾）。這七個不好的壞習慣都會阻礙夢想的實現，其中尤以怠惰帶來的影響最為巨大。

很多人無法實現夢想的根本原因只有一個，就是沒有確

實去做、去執行、去實踐。無論是逃避現實、缺乏責任心，或是浪費時間，造成的結果都一樣，就是夢想始終只能在夢裡想想，永遠都沒有能夠完成的一天。

Just Do It！別再怠惰下去了，就從此刻開始做出行動！

包袱二：責怪

第二個要擺脫的包袱，就是「找藉口」。很多人遇到困難時，總會習慣怪東怪西怪別人，唯一不會歸咎的就只有自己。責怪是讓你擺脫責任的最好方式，也是造成你停止成長的最大原因。

成熟的大人對夢想總是負責到底，無論一路上可能發生多少艱難與挑戰，那全部都是得一肩扛起的責任。你就是源頭，生命中所有發生的一切，都是自己創造出來的！

包袱三：完美主義

最後一個隱形的包袱，就是那該死的「完美主義」。

「夢想很豐滿，現實很骨感」這句每個人都能琅琅上口的無奈話語，正一語道盡了理想與現實之間的差距。

很多人在實現夢想的過程中，始終會抱持著一個無法撼動的高標準，當發現到無法達成原先設定的目標時，就會開

始否定自己的努力，甚至想要直接放棄。

　　但事實上，走在夢想的路上是一段動態調整的過程，你得依照真實的狀況修正目標，然後變更執行的方法，就像是 GPS 導航重新規劃路徑一樣（在下一章設計人生中會詳細說明做法）。

　　且拋開你那自以為是的完美主義，同時給自己一個掌聲鼓勵吧！因為我們已經努力走到了現在，一定能夠順利抵達終點的！

　　夢想放在那裡好久了，卻未曾忘記，或許是你遇上了阻礙夢想實現的沉重包袱。接下來請審視自己清單上的十個夢想，分別記錄下各自可能存在的包袱（怠惰／責怪／完美主義）。

我 的 夢 想 清 單

1.　＿＿＿＿＿＿＿＿＿　怠惰☐ 責怪☐ 完美主義☐

2.　＿＿＿＿＿＿＿＿＿　怠惰☐ 責怪☐ 完美主義☐

3.　＿＿＿＿＿＿＿＿＿　怠惰☐ 責怪☐ 完美主義☐

4.　＿＿＿＿＿＿＿＿＿　怠惰☐ 責怪☐ 完美主義☐

5.　＿＿＿＿＿＿＿＿＿　怠惰☐ 責怪☐ 完美主義☐

6.　＿＿＿＿＿＿＿＿＿　怠惰☐ 責怪☐ 完美主義☐

7.　＿＿＿＿＿＿＿＿＿　怠惰☐ 責怪☐ 完美主義☐

8.　＿＿＿＿＿＿＿＿＿　怠惰☐ 責怪☐ 完美主義☐

9.　＿＿＿＿＿＿＿＿＿　怠惰☐ 責怪☐ 完美主義☐

10.　＿＿＿＿＿＿＿＿＿　怠惰☐ 責怪☐ 完美主義☐

夢想的三種層次

好不容易寫下了一堆夢想之後，我們接著要替它們排列出優先順序。

如果是工作項目，你或許可以靠著過去自己習以為常的「時間以及重要象限」方法來進行分類以及管理。但夢想清單可不吃這一套，你得誠實地依照內心真實的感受，來判斷它們的重要程度。

我 _____ 完成這個夢想。

（想要／決定／承諾）

透過上面這個簡短的問題，你可以藉由自己選擇出的「動詞」，將夢想區分為以下三種截然不同的層次。

層次一：想要

「想要」代表著被動、等待，以及盼望，是大部分人們對於夢想的態度。**能夠實現當然很好，但沒有達成也沒什麼關係。** 那些你從小寫到大，每年都重複出現在夢想清單裡的項目，幾乎都在這種層次裡頭。

層次二：決定

「決定」象徵了做出選擇、去除其他選項的動作，是進一步篩選過後的夢想。請留意當你親口說出「我決定」這句話時的感受，是不是跟「我想要」有很大的不同呢？

層次三：承諾

「承諾」表達出致力、毫無保留的態度以及決心。當真正的夢想（真愛）出現時，你一定會有股衝動，不計任何代價非要得到他不可，這種不顧一切的心態，就是終極的夢想層次。

練習 確認夢想的層次

雖然擁有很多夢想，但其實每個夢想的等級都有些不同，究竟你是想要、決定，或是向承諾自己要完成哪個夢想呢？請用以下問句，一一審視自己清單上的十個夢想，分別記下你選擇的行動層次。

我 _____ 完成這個夢想。

（想要／決定／承諾）

我的夢想清單

1. □ 想要 □ 決定 □ 承諾 _____

2. □ 想要 □ 決定 □ 承諾 _____

3. □ 想要 □ 決定 □ 承諾 _____

4. □ 想要 □ 決定 □ 承諾 _____

5. □ 想要 □ 決定 □ 承諾 _____

6. □ 想要 □ 決定 □ 承諾 _____

7. □ 想要 □ 決定 □ 承諾 _____

8. □ 想要 □ 決定 □ 承諾 _____

9. □ 想要 □ 決定 □ 承諾 _____

10. □ 想要 □ 決定 □ 承諾 _____

實現夢想的壹壹法則

靠著先前分享的方法以及程序，我重新梳理了自己的十大夢想清單，並且在二○二一年起開始執行，陸續實現了許多從未想過的夢想。

我發現每個人的生命其實就是一片肥沃的土壤，而我們心中的每一個夢想都是一顆珍貴的種子。你得先親自動手將它種進土裡，然後每天細心地澆水照顧好它。最重要的是，你得要有耐心等待到夢想冒出芽後，才能親眼見證它開出美麗花朵的那一天。

在親自見證了生命這場豐盛的奇蹟之後，我決定克服心中的「冒牌者症候群」*，把自己經歷的每件事情，以及好不容易學會的所有一切，都濃縮、集中、整理在這套能夠讓夢想一一實現的「**壹壹法則**」裡頭。

只要透過下面十一個步驟，從自己的內心最深處開始，逐步找出、釐清、宣告，並且執行，就能完成自己每一個許下的心願，實現每一個訂定的目標！

---

* 註：Imposter Syndrome，又稱「冒名頂替症候群」，用以形容一種常出現在成功人士身上的心理現象，他們無法將成功歸功於自身的能力或努力，反而認為只是運氣好，因而恐懼被他人高估、看穿。

聽起來很神奇對吧？接著，就讓我來跟你分享這套超級神奇的壹壹法則──

法則 1. 接受自己，聚焦在擁有的

實現夢想的過程就像是一段長長的旅程，你得先回歸到原點，確認自己目前所在的位置，才能夠做出正確的計畫。好好盤點手上擁有的資源，誠實地面對自己的缺點，並且放大自身的優勢，如此才能夠在出發之前，做足最好的準備。

我剛打算成立 Podcast 頻道的時候，除了沒有經驗、缺乏資源，更是連半點把握都沒有。在經過仔細思考與評估之後，才發現可以透過自己在社群媒體上的影響力，藉由公開發文徵求有意願合作的搭擋，採取共同主持的方式一起實現這個目標。

法則 2. 訂做夢想，瞄準真心想要的

透過夢想的三種層次，有效篩選出此刻心中想要達成的目標。真正的夢想通常是獨一無二的，就像是為自己量身訂做的服裝一樣，絕對不會跟別人撞衫，因此，你也無需在意他人的評價。

記得當時我在臉書上的貼文內容是這樣寫的：

今天要來向宇宙許願，徵求一位願意跟大叔合作的 Podcast 主持搭擋！

跨世代對談：職場、生活、愛情、夢想、亂七八糟的問題……

徵選條件：30 歲左右女生、古靈精怪、超愛說話、好奇寶寶……

歡迎報名、推薦、介紹、或轉發，意者請私訊留言，謝謝大家：）

雖然有些人對於這些奇怪的條件嗤之以鼻，但正因為我誠實提出了自己的需求，所以後續才能順利收到許多的回覆以及引薦，也因此踏出了最重要的第一步。

法則 3. 接受訊息，相信自己感受到的

藉由夢想的三個特徵，留意那些能夠讓你感受到**夠動心、夠持續、夠恐懼**的事情，仔細從中觀察，並找到發出訊號的夢想！（就像是在尋找飛機的黑盒子一樣）

在單獨與每一位優秀的 Podcaster 徵選夥伴對談之後，我讓自己整整沉澱放空了兩個星期，完全不用腦袋去思考應該選誰才好，而是觀察誰會浮現在自己的心裡，誰能帶給自己

特別的感受。說也奇怪，那段時間出現在我夢裡的就只有一個人，她就是我後來的搭擋品希女神。

法則 4. 動手寫下，反覆提醒自己

人類是十分健忘的動物，尤其是當激情過後，通常就會忘掉當下的感動。把夢想具體地記錄下來，或是製作成圖像化的夢想板（Vision Board），放在你每天都看得見的地方，時刻提醒著自己，每一天都要為了夢想繼續努力下去。

為了督促自己好好實現心中的夢想，我除了公開發表十大夢想清單，更時常以粉絲團發文的方式，跟讀者們分享自己最新的目標。因為我相信說出口的願望，會比藏在心裡的念頭威力強大一百倍，況且寫出來的文字只要透過搜尋功能就可以找到證據，讓自己再也沒有藉口能夠輕易否認。

法則 5. 思考策略，決定可行的做法

詳細列出抵達目標可行的方法以及路徑，從中挑選出最適合自己的一種方式，這就叫做策略。善於圓夢的人通常都擁有一顆聰明的腦袋、靈活的思緒，以及堅持的信念。

試著想像一下，當我們使用 Google 地圖搜尋到目標所在地之後，下一步往往就是依照不同的交通方式、時間需求以

及預算考量，規劃出不同的路徑，最後，才會選擇出一種最適合自己的方式，而這，就是決定策略的過程。

法則 6. 大聲宣告，訂定目標

當你真心渴望某樣東西時，整個宇宙都會聯合起來幫助你完成。大聲向全世界宣告夢想，除了代表自己的決心，也能引發一連串神奇的效益。只要你試過，一定就會愛上這種不可思議的感受！

勇敢把你的目標分享給全世界知道，從身旁最信任的人開始練習說起，一次又一次，你一定會慢慢發現自己越講越順、越講越好、越講越有信心，也就越講越有把握了！

法則 7. 積極行動，勇敢嘗試

無論你準備好了沒，就從此刻開始採取行動吧！別讓夢想只能夠在夢裡頭想想，更別讓夢想只是一段文字、一句口號、一份心中的理想。

一起來想像一個畫面──你好不容易搭上了飛機來到了一萬英尺的高空，當座艙門打開的那一剎那，你有沒有勇氣一躍而下，實現在空中飛翔的夢想呢？

廢話，當然是大叫一聲，然後就豁出去衝了！（啊啊啊啊）

法則 8. 堅持下去，不停前進

　　一般來說，真正的夢想通常需要一定的時間才能夠達成。在這段過程中除了考驗你的決心，更會挑戰你的體力以及耐力。每堅持一步，你就離目標更接近一點；每前進一步，你就離夢想更靠近一些。

　　如果可以，我建議大家培養跑步或是散步的好習慣。每天給自己設定一個小小的目標，比如說連續二十分鐘或是十圈操場，在過程中好好享受堅持的感覺，以及達成目標時的成就與喜悅！

法則 9. 耐心等候，延遲實現

　　當你向宇宙送出新的夢想訂單後，就像在等待吃到飽的餐廳點餐一樣，每個人都得乖乖地依照訂單順序等候上菜。烹煮餐點需要時間，實現夢想更需要時機。每個被延遲的夢想通常都會伴隨著利息同時降臨，除了獎勵你的耐心，更勉勵你的決心。

　　我原本計畫在二〇二二年推出自己的第二本書，沒想到一直拖到了二〇二三年底才順利出版。然而更沒想到的是，在這段等待的期間內，我竟然意外接到了第三本、第四本，

甚至第五本的邀稿，你說這是不是太神奇了？感謝宇宙！

法則 10. 負起責任，面對一切

還記得我們在夢想三大包袱其中的「責怪」裡說過的嗎？你就是夢想成真唯一的源頭，無論發生任何事情，責任都在自己身上，只要你能成為一個當責的成熟大人，就能獲得全宇宙回饋支持你的力量。

能力越大，責任越大。你一定能夠成為實現夢想的超級英雄！

法則 11. 接受安排，擁抱奇蹟

如果已經確實做到了前面的十個步驟，但夢想卻還是沒有實現該怎麼辦？

這時候千萬別覺得沮喪，你得打從心裡臣服，並且相信一切都是上天最好的安排。奇蹟之所以讓人感到驚奇，就是因為它們總會在你出乎意料的時候出現，那除了是神的旨意、更是一份不可思議的祝福。

千萬不要輕易放棄夢想，每一顆你親手埋下的種子，一定都會有發芽的一天！

　　請找一位信任的夥伴，協助你將十個夢想項目兩兩進行比較，依照實際回答的優先順序重新排序，並且挑選出最重要的前三大夢想。

我 原 先 的 夢 想 清 單	重 新 排 序 後 的 夢 想 清 單
1.	1.☆
2.	2.☆
3.	3.☆
4.	4.
5.	5.
6.	6.
7.	7.
8.	8.
9.	9.
10.	10.

你發現了什麼？

第二章
關於設計人生

透過自創的「壹壹法則」，我一一實現了許多心中的夢想，像是出書成為作家、從職訓班學生變成職訓課程的老師、成立自己的 Podcast 頻道、開簽書演唱會，還有一大堆不可思議、既神奇又好笑的願望。

印象最深刻的是有一次，我才剛寫下了自己二〇二二年的新年希望後不久，就獲邀參加了「第二屆好女人的情場攻略 Podcast 頒獎典禮」，並且站上舞台實現了「得到一個獎」的願望。

雖然那個獎盃上印的是主持搭擋品希的名字，但我依舊開心到不行！（謝謝宇宙）

在那段時間裡，我發現「壹壹法則」跟大家耳熟能詳的「吸引力法則」有點類似，是屬於比較內在的心法，於是我決定要繼續研究，找出一套更具體、更能落實、更有效能夠幫助每個人實現目標的應用工具。

而我最終找到的答案，就是「設計人生」（Designing Your Life）這套超級實用的方法！

設計人生的起源

在正式開始介紹「設計人生」的方法之前，一定得先認

識它大名鼎鼎的父親（起源），那就是你一定曾經聽很多人分享過、甚至在學校讀書時就上過的「設計思考」（Design Thinking）課程。

「設計思考」源自於美國史丹佛大學（Stanford University），是一套以「人」為中心來解決問題的方法。這種獨到的思考方法起源於一九六〇～一九七〇年代，一九八七年時首次由哈佛設計學院院長彼得・羅維（Peter Rowe）透過《設計思考》（*Design Thinking*）一書發表提出。一直到一九九一年，由大衛・凱利（David M. Kelley）先生創立的知名創新設計公司 IDEO，透過「設計思考」推出許多結合商業價值與科技的知名成功案例將其發揚光大，才開始廣為人知，成為了許多企業家、創業者、甚至職場人士必修的一套思維方法。

設計思考與設計人生的關係

設計人生是一套奠基在設計思考架構上，從以人為本的思維角度出發，將「自己」作為「使用者」與「設計師」來看待人生的一套方法。

史丹佛大學人生實驗室的創始人比爾・柏內特與戴夫・埃文斯（Bill Burnett & Dave Evans）兩位設計專家共同創立

了這套學程，他們將設計思考的理念引入到人生規劃當中，成為了史丹佛大學中最受學生們歡迎的一堂生涯規劃課「設計你的人生」。

比爾與戴夫認為人生並不存在最佳解答，也不可能被完美規劃。正如設計師不會一味思考未來，而會去主動創造未來一樣，每個人都必須善用「設計思考」的方法，才能找到自己的生活目標、為自己創造更多的可能性，並從而改變自己未來的命運。

二〇一八年時，台大創新設計學院（D-School）首度邀請史丹佛的「設計你的人生」課程設計講師約翰‧阿姆斯壯（John Armstrong）訪台，共同推動這套結合設計思考以及人生探索的工作坊。之後更持續與受訓學生們創辦的「人生設計Detour」團隊合作，設計、規劃一系列「設計你的人生」訓練課程，提供台大學生們選修，同時也讓校外人士共同學習。

我與設計人生的巧遇

於二〇二〇年底失業期間參加職訓課程期間，我在台科大教育推廣中心第一次上了兩天的「設計思考」工作坊，之後更在二〇二一年底，透過工作之餘的時間完成了台大舉辦的「設計人生-引導員培訓課程」。

透過這兩堂課的學習，我心中對於「設計」這個名詞的認知與看法完全被顛覆了！

一直以來，我總膚淺地以為「設計師」指的是能夠設計出那些美好事物的專業人士，像是建築設計師、景觀設計師以及髮型設計師。他們除了得擁有非凡的品味，更要具備過人的創意，就像個偉大的藝術家一樣。

但事實上，設計師指的是**「能夠解決問題」**的人，無論是生活裡大小的雜事、工作上的各種需求，或是生命中層出不窮的難題。例如：工程設計師、程式設計師，以及我們即將要一起學習成為的「生命設計師」。

我發現每個人都可以透過像設計師一樣思考，解決生活中大大小小的挑戰，這就是所謂的「設計思考」。而「設計人生」就是，將設計思考應用在生命裡來解決人生的問題、讓自己心想事成，並且實現夢想的一套有效工具。

設計人生既簡單又實用，威力更是超強。你也想跟我一樣，透過設計人生的方法「打造」出自己不平凡的人生嗎？

那就讓我們一起踏上這趟成為「生命設計師」的學習旅程吧！

生命設計師＝能夠解決人生問題的人。

設計師觀察

　　請利用下圖，列出你所認識的三位「設計師」，觀察他們幫助人們解決了什麼問題？

　　例如：髮型設計師，幫助客戶找到最適合自己的臉型、最符合目前職業身分、並且最容易整理維護的髮型。

三項特質

二〇二一年十一月二十二日星期一的傍晚，我在下班後匆忙騎著 Ubike 抵達台大水源校區，滿身大汗地踏進卓越研究大樓的 505 教室裡，正式展開了為期六週的「台大設計人生 - 引導員培訓課程」。

抬頭環顧四周的同學後，我發現自己這回又是班上最老的一名學生了（囧），大部分的人看起來都還是在學的大學生。雖然感覺有點尷尬，不過如果再錯過眼前這班，下一個梯次又可能要等到一年之後⋯⋯

我的人生，已經沒有太多時間可以浪費在等待上了！

帶著堅定的信念，我重新調整了自己的心態，決定要跟眼前這群年輕的同學們一起完成這次的培訓，一塊成為設計人生的引導員。

一直到現在，我都還記得引導員培訓時特別強調的課程文化：**不批評、不打斷、保持好奇心！**

這三項重要的引導員特質除了適用於「設計人生」的課程之中，也可應用在我們的日常生活以及工作當中，現在，請試著回想一下：

- 你最後一次做到這三件事是在多久之前？

- 你最後一次以赤子之心看待這世界是在幾歲的時候？
- 你最後一次像海綿般學習成長，是在人生哪個階段？

我想起了自己大約三十歲出頭的時候，因為年輕氣盛不懂事，不知不覺便對身邊所有的事情都開始頤指氣使，變成了一副連自己都討厭的主管模樣。

後來離開工廠，到外頭闖蕩了一圈之後，我終於發現世界原來這麼大、厲害的人這麼多。也是從那時開始，我才意識到自己根本就是一隻不知天高地厚、總是以管窺天的井底之蛙……。

透過培養出「不批評」、「不打斷」、「保持好奇心」這三種特質。每個人都可以走出不自覺的慣性窠臼，取下看待世界的有色濾鏡，讓自己重新獲得成長的機會。

特質一：不批評

小時候的你，一定很討厭每次在大人面前說出心中的想法時，總會被毫不留情打臉拒絕的那種難過感受吧！

「少天真了，你一定沒法做到的！」

不知不覺地，我們除了得接受別人的殘忍批評，也學會了無情地批判自己。每當心中有一個新的靈感跑出來時，下

一秒緊接著就會立刻有一個聲音出現在腦海裡：

「別傻了，這絕對不可能的！」

結果就是，無論你再怎麼千思百想，卻始終沒有替自己的人生做出任何行動與改變。

請無條件放下對於自己、對於其他人，以及對於世界的所有批評，並且重新（從心）相信所有的可能性！

「不批評」，就是讓你能夠表現出與眾不同的第一項重要特質！

特質二：不打斷

請想像下面這個熟悉的畫面——當你在一場重要的會議上全心投入、火力全開地進行一場準備了超久的工作報告時，老闆竟然三番兩次地打斷你精彩的簡報過程。

「他是故意的嗎？」「老闆是不是討厭我？」「他是不是不喜歡我的簡報內容？」

於是你內心的小劇場開演，在簡報草草結束後，這場會議註定沒有人能夠成為贏家。

再回想一個更熟悉的場景——下班後跟女朋友吃飯時，你們兩人在餐桌上不知不覺開始聊起了今天工作所發生的事

情，眼見坐在對面的她越講越激動，疲憊不已的你卻越聽越覺得無趣。

突然間，你再也壓抑不住心中的疑惑，於是隨口問了一句：「妳到底要跟我表達什麼？」

空氣瞬間凝結，風雲開始變色，開心的一頓燭光晚餐瞬間變成了一場膽戰心驚的分手擂台……。

相信上述場景，你一點也不陌生吧？

如果想要避免如此的溝通悲劇，在你輕率地出口打斷別人的發言前，記得先審慎地問過自己：

「我真的聽到了、也聽懂了對方想要傳達的訊息嗎？」

「不打斷」，除了是種禮貌，更是種尊重。同時，它也是讓你能夠獲得更多靈感、取得更多資訊的第二項重要特質。

特質三：保持好奇心

最關鍵的第三項特質，就是對於世界上所有的人、事、物都持續保持著高度的「好奇心」，好奇心除了是驅使我們每個人成長最大的一股動力，更是全體人類之所以能夠不斷進化的最大原因！

如果你仔細觀察週遭生活中的人們，一定會發現通常年紀越輕的朋友，越是對生命充滿了無盡的熱情。尤其是那些才剛學會爬行的小嬰兒，對於眼前每一件看見的事物，都會感到無比的興趣。他們就像是一張白紙，每天都透過自己的雙眼盡情探索著這個陌生的世界。

　　相反地，你也會看見一些熱情早已燃燒殆盡的人們，他們每天都過著重複不變的日子，除了對於生活麻木不仁，也對於未知充耳不聞。雖然人還好好活著，但卻跟植物沒太大的不同。

　　如果你想要改變未來的人生，第一件該做的事就是：

　　重新燃起看待自己生命的熱情，以及對於整個世界的好奇心！

　　就如同蘋果電腦創辦人賈伯斯曾經說過的：「求知若飢，虛心若愚。」（Stay hungry. Stay foolish.）

　　只要能夠好好善用自己的好奇心，它將會從此顛覆你過往一成不變的平凡人生。

　　回想起自己三十多歲還在經營著一間小餐廳的時候，白天時我總是站在吧台裡一邊沖著咖啡、一邊陪客人聊天；到了晚上，就站在餐桌旁邊開著葡萄酒、邊聽客人們分享他們

的心事。那段開店的歲月發生了很多的事情、認識了超多好朋友，也讓我累積了非常多精彩的故事。

雖然後來店收了，但我把這個習慣帶到了此刻的人生裡，透過「大叔診聊室」的服務，幫助身旁迷惘的人們釐清生命中卡關的地方，讓他們無論在工作上、生活中，甚至是感情裡，都能找出下一步前進的方向。

剛開始的時候，我以為自己只是比較擅長跟人聊天而已。但後來我才發現，原來自己憑藉的其實是「不批評、不打斷、保持好奇心」這三項讓人信賴的特質。

在順利結束了設計人生引導員的訓練課程之後，我也更加堅決地相信，自己其實早就走在一條幫助別人的神聖道路之上。

大叔診聊室

大叔診聊｜
第二人生處方籤

環顧周遭，找出自己認為具備設計人生三項特質的朋友，填上他的姓名以及特色。他因為做了什麼而表現出這些值得學習的特質？

五個步驟

設計人生是一套「以使用者為中心」的方法，從滿足「個人」的需求出發，透過解決問題的過程，創造出更多人生的可能性。

這個世界上絕對沒有其他人的人生會完全跟你一樣，就算是一對出生在相同家庭裡的雙胞胎親兄弟，也會因為後天的學習、成長、交友，以及環境的影響，逐漸培養出不同的個性。

「設計人生」沿襲「設計思考」的方法，透過以下五個步驟，經由過程中不斷的測試以及修改，我們將可以有效打造出更貼近使用者需求的人生樣貌——

設計人生五步驟

★步驟一：同理使用者（Emphathize）

★步驟二：定義問題（Define）

★步驟三：創意發想（Ideate）

★步驟四：打造原型（Prototype）

★步驟五：測試迭代（Test）

對於大學就讀工業工程，曾經在工廠裡工作了超過十年的我來說，設計人生的五個步驟跟過往熟悉的新產品研發過程其實十分相似。

如果你也擁有相關的生產製造或是設計開發背景，相信一定也很快就能夠理解並且上手。

接下來，就讓我來為你逐項說明這五大執行步驟吧！

步驟一：同理使用者（Emphathize）

Who am I？我是怎麼樣的人？

你一定聽說過「同理心」這個名詞，但打個賭，你可能一輩子都從未做好過這件事。

大多數人的人生之所以會卡關，是因為他們除了不夠瞭解自己，也無法同理內在的需求，以致於活出不符合個人期待的人生。

簡單地說，就是完全搞錯了努力的方向！

在設計思考的執行過程裡，設計師會透過訪談、觀察、接觸，以及聆聽的方式來找出使用者的真正需求。而在設計人生中，我們也可以透過各種不同的探索工具，來釐清「自己」內心深處真正的想法。

還記得我們剛剛才學會的三種設計師成長思維「不批評、不打斷、保持好奇心」嗎？

千萬不要直接從問題開始，而是要先從**人**開始。**多問為什麼，避免引導，使用開放性問句**，這才是設計師提問的正確方法。

生命設計師必須要無條件接受使用者的想法、目標以及夢想，並且同理使用者的一切。

薩提爾*提出的「冰山理論」將每一個人的內在與外在分成了水面上和水面下兩部分。水面上看得見的是行為，水面下不容易觀察到的部分則包含了：應對方式、情緒、觀點、期待、渴望，以及最深層的自我等六個區塊。

透過同理的過程，來對使用者有更深一層的認識以及理解，就是啟動設計人生最重要的第一個步驟！

---

* 註：維琴尼亞‧薩提爾（Virginia Satir）是一名來自美國的家庭輔導工作者，她原先是一名教師、社會工作者，後開創並發展了屬於自己的薩提爾模式，並運用於家族治療中。她相信，不論外在條件如何，在這個世界上，沒有人是無法改變的。她也相信，人類可以實現其所想要實現的，可以更正向、更有效率地運用自己。（資料來源：維基百科）

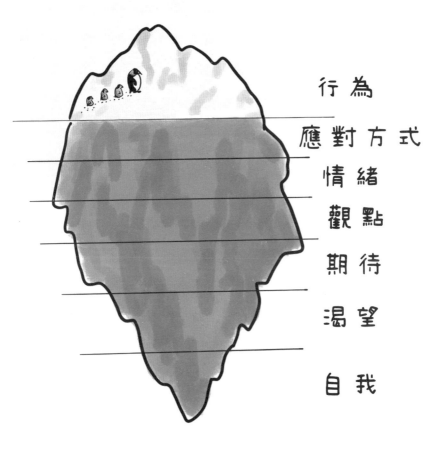

薩提爾冰山理論圖

水面上（外在）

行　為

應對方式

情　緒

觀　點

期　待

渴　望

自　我

水面下（內在）

步驟二：定義問題（Define）

What I Want? 我有什麼需求？為何我會有這樣的需求？

愛因斯坦說過：「如果我有一個小時可以拯救世界，我會先花五十五分鐘確認問題，再用最後的五分鐘尋找解決方案。」

只有問對問題，才能找到對的答案。在設計人生的執行過程中，你將會發現層出不窮的各式問題，這其中包含了轉移你注意力的工程問題、重力問題、船錨問題，以及真正該解決的設計問題。

在這個步驟中，設計師必須不斷釐清，並且找出真正的問題，進而挖掘出使用者更深的需求（Need）以及真正的洞見（Insight）——**需求只是問題的表象，洞見才是問題背後真正的問題。**

定義出真正的問題，是執行設計人生必經的第二個步驟。

步驟三：創意發想（Ideate）

How to do? 該如何滿足我想要的需求？

接著來到最燒腦的第三個步驟了——找到了問題之後，

究竟該如何才能滿足需求？這就需要你打開創意、隨心發想。你可以透過以往熟悉的「腦力激盪法」，或是本書中所分享的「設計人生心智圖」（Mind-Map）*以及「奧德賽計畫」†，大膽地發揮出自己不受限的創意。

請容我再次提醒，在創意發想的過程中，記得要時刻保持著設計師「不批評、不打斷、保持好奇心」的成長思維。每當自己腦海中有個天馬行空的新想法冒出來，就不假思索地馬上記錄下來！

搜集越多的創意好點子，你就越有機會能夠設計出自己獨一無二的精彩人生。

步驟四：打造原型（Prototype）

至此，終於到了踏出第一步，勇敢做出行動與改變的時候！不過千萬別著急，你並不需要馬上激烈地搞一場革命，此時你需要的是先溫和地打造出第一個原型，開發出屬於自己的 MVP (Minimum Viable Product) ——**最小可行性產品**。

在這個階段，汽車設計師會先用黏土做出模型車；建築設計師會先用紙蓋出房子的模型；程式設計師會先手繪出許

---

* 　參見第 146 頁。

†　參見第 179 頁。

多操作畫面，模擬 APP 操作時的使用者介面與流程。

而身為一名生命設計師，你可以透用設計人生中的原型對話、原型體驗，以及設計腦力激盪（Design Brainstorming）的方式，逐步打造出自己下一個階段專屬的生命原型。

與其紙上談兵，不如親臨戰場。

現在就先透過最少的時間與成本，親身體驗自己打造出的生命原型吧，這才是既聰明又省力的最佳策略！

很多年前，當我離開了工作超過十年的電子業時，我的夢想是開一間小小的補習班，晚上指導國中生升學，白天是教導社區住戶們的才藝課程。

自從有了這個計畫之後，我便開始尋找開業的地點，每逢假日就到處亂逛、評估適合的商圈。那時候我每天想的，都是關於這個計畫的大小事情，雖然當時年輕的自己，早已擁有了一份人人稱羨的穩定工作，但好還要更好，為了帶給家人更好的生活，我還是決心一搏！

就這樣醞釀了好幾年，等到大女兒出生之後，我覺得不能再拖下去了。終於趁著一次組織調整的時機，鼓起勇氣向公司提出了離職申請，只帶著一副簡陋的船槳，便跳上了充氣救生艇，就此離開那艘超巨大的企業級航空母艦。

好不容易透過關係，我找到了一份補習班的工作，開始

走上期盼已久的夢想之路。沒想到，才剛上三天的班，我就後悔了⋯⋯。補教業的日常跟朝九晚五的工廠人生截然不同，每個莘莘學子都是個獨立的個體，也跟生產線追求規模化、標準化的製程目標完全抵觸。

當時的自己，完全沒有耐心，更沒有辦法用心在每一位需要關心的同學身上。我這才發現到，原來自己創業的目的是要賺錢，並不是源自於對教育的熱情。

這次的經驗讓我領悟到，**與其光用腦袋空想，不如趕緊親手去做，去驗證，去感受！**

如果時光能夠重來一遍，我一定會利用工作之餘的時間先應徵補習班的兼職工作，多認識一些在補教業工作的朋友，提早體驗真實的補習班人生。

透過打造原型的聰明方式，你除了可以少走許多冤枉路，更可以節省下超多的資源以及時間，這是每一位生命設計師一定要學會的重要步驟！

步驟五：測試迭代（Test）

在每間電子製造工廠裡，新產品的研發製程都會經過EVT（Engineering Verification Test，工程驗證測試）、DVT（Design Verification Test，設計驗證測試）、以及PVT

（Production Verification Test，生產驗證測試）這三個重要的
試產階段。

　　每個新產品正式推出上市前，對於品質越是嚴謹的公
司，通常都會經歷越多次的試產過程。甚至在開始銷售之
後，還會持續進行改版跟優化。像汽車便是每隔幾年就會經
歷一次小改款，除了提升性能之外，也刺激市場的買氣。

　　把這個測試迭代的過程套用在軟體開發上會更加明顯，
如果你留意一下目前使用的手機跟 APP，就會發現三不五時
便有個新版本，催促你透過更新體驗更好更強大的功能。

　　當轉入新創圈工作後，我學會了很重要的一個觀念叫做
「小步快跑、快速迭代」！

　　你不用像巨人一樣一口氣踏出雄偉的步伐，只要能夠踩
著穩定的小碎步持續前進，就同樣可以創造出自己獨特的競
爭優勢。測試的目的不是要讓消費者一口氣就愛上你的產
品，而是要獲取更多使用者的回饋，徹底地搜集好與不好的
原因，這才能真正幫助我們設計出更好的產品。

　　先求有，再求好！

　　唯有透過擁抱失敗、持續修正的優化過程，才能一步步
打造出屬於自己的理想人生。

六種心態

講解完了設計人生的步驟，接著繼續跟大家介紹每一位設計師都必須學會的六種獨特心態，它們就像是電影「星際大戰」中絕地武士手持的光劍一樣，除了是威力強大的武器，更是生命設計師專屬的超能力，只要善加應用，無論什麼夢想都能打造、不管什麼目標都能達成！

如果你想要學會游泳，就得先從拆解游泳的步驟開始做起。在陸續學會漂浮、換氣、划手、踢水、滾動身體之後，最後再將全部動作結合在一起，透過不斷重複練習，將身體記憶深深寫入潛意識裡頭。最終就能流暢地破水前進。

學習設計人生也是一樣的道理，透過每一天每一秒發生的每一件事情，你都可以不斷練習並且熟悉這六種生命設計師專屬的武器，持續地打造出自己想要的人生。

願設計師的六大心態時刻與你我同在！

心態一：好奇心

西方有句諺語說：「Curiosity killed the cat.」（好奇心殺死一隻貓）這句話的意思是告誡人們，千萬別對那些事不干己的事情太過好奇，否則一不小心，就會惹禍上身。但事實

上，真的是如此嗎？

寫到這裡，我一邊思索著，不禁一邊回想起了自己的成長歷程……

乖寶寶的童年回憶

印象中的自己，一直是個循規蹈矩，未曾讓父母親擔心過的乖孩子。

我們家經營一間傳統豆漿店，在那個美而美與麥味登還沒出現的年代，是整條街生意最好的一間早餐店。當大部分的人都還在夢中熟睡時，我們一家人已展開了忙碌的一天。

每天清晨三點半的鬧鐘一響，父親總是第一個起床做好開店前的準備，煮豆漿、蒸饅頭、洗米蒸飯、熱油鍋、擺桌椅。等到一切就緒後輕聲喚醒母親，夫妻倆便一起穿上營業用的圍裙、合力打開鐵門開始營業。大約在七、八點鐘第一批顧客湧現時，就會把我叫起來幫忙店裡的生意。

在那間小小的店裡，一切都是那麼有條不紊，每件東西該擺哪兒，每件事情該怎麼做，每道食物該如何料理，都隱含著一股不容質疑的嚴謹。年幼的我一邊端盤子出餐，一邊收碗筷擦桌子，然後一個人蹲在裝滿洗碗精跟清水的大水桶前，默默地清洗著客人用過的髒碗盤。

每個到店裡的客人看到我，都會摸摸我的頭說：「這個孩子好乖，將來一定會很有出息！」

「賣豆漿的兒子」是街坊鄰居對我的稱呼，而當個百依百順不讓父母親操心的「乖寶寶」則是我從小到大最重要的一件事情。

填鴨式教育蒙蔽了成長的雙眼

在求學的過程中，我從來沒有思考過自己「可能」的未來。就像自己未曾想過家中為何會開早餐店一樣。念大學是我當時唯一的人生目標，原因很簡單，因為這是父母親從小對我最大的期望。如果人生可以重來，我一定會鼓起勇氣問他們：「可以讓我繼承豆漿店嗎？」

小時候家裡的生意真的很好！如果那時候就有《食尚玩家》這種節目的話，我們一定會入選台北人一生必吃的豆漿名店之一。父親那親手磨出來的手工豆漿跟手桿蛋餅，是許多在地鄉親依舊念念不忘的好滋味。可惜就此斷送在一個只會讀書，卻看不清楚自己未來的乖孩子手上。

我從未質疑過唸書對自己的意義何在，每天就是傻傻地上課，跟不上進度就去補習，然後認分地參加升學考試。雖然勉強靠著一些先天的小聰明加上後天的微努力，先是幸運

考上了吊車尾的公立高中，後來也順利擠進了私立大學的窄門，但一直到了二十二歲畢業的那天，我始終搞不清楚自己究竟想要做什麼？

就像是一名好不容易通過了終點線的長跑選手，呆呆地站在原地不知道自己的下一個方向在哪裡，我突然間失去了向前進的動力，緊接著迎來了兩年的兵役。

不堪回首的菜鳥軍旅啟蒙

當兵時，我抽中了人人聞之色變的金馬獎，遠赴一處名叫馬祖北竿的小島上服役。想都沒想到，被稱呼為「大專兵」的自己，會被來自五湖四海的「一般兵」學長們嚴格地管教對待，度過了好長一段痛苦不堪的日子。

那段時間裡，我發現原來在這個世界上，竟然有那麼多種不同的生存方式！

你可能沒想到，在軍隊裡最不容易被欺負的一種人，不是軍官，也不是士官，而是專門煮飯給每一個人吃的伙房兵。雖然廚房裡又熱又小的，但就像是一個與世隔絕的結界一樣，就算老兵們的惡勢力再大，也始終難以跨越那道隱形的守護牆。

就算沒讀啥書，也沒有任何人事背景，只要會煮好吃的

菜，就能夠在廚房裡安安穩穩地等待退伍。反倒是那些學歷越高、只會讀書但超不會做人的義務役預官們，總是一下部隊就被老兵們折磨個半死。而那也是第一次，我對於各式各樣不同的「人生」產生了好奇心。

那兩年期間，我認識了能獨自把一台車拆個精光的汽車修護兵、靠徒手就能拼湊出無線電裝置的通訊兵、還有力大無窮可以一個人扛起砲彈的軍械兵。軍隊就像是一個小型的社會縮影，而置身於其中的我只是一個什麼都不會、做啥都不行的邊緣分子。

如果可以選擇，你想過怎樣的日子？擁有怎樣的人生呢？退伍的那一天，在搭上返台班機的那一刻我告訴自己說：「當降落台灣土地的那一刻，我要重新展開自己的人生！」

多問為什麼？

拜這段軍中的經歷所賜，我除了學會如何跟三教九流不同的人們相處，也開始對於身邊不同的人事物產生了強烈的「好奇心」。

大學時讀工業工程管理的我，把在學校學過的「產、銷、人、發、財」觀念帶進了上班的工廠裡頭，每天都如同海綿般沉浸在工作的氛圍中。很快地，我把寫在書本上的文

字逐一轉化成了親身的實務經歷，並且深深地刻印到自己的腦海裡。在工廠工作的十年歲月，是我這輩子最單純、最開心，也是成長最快的一段日子。

慢慢地，我從一個不知道自己想做什麼的乖寶寶，慢慢變成了一個不斷探索未知、持續學習成長的大人。一直到了今天，「**好奇心**」依舊持續為我帶來源源不絕的動力，而它也是讓自己能夠多次扭轉人生的秘密武器！

好奇心在設計人生中除了是必備的三種成長思維之一，更是每一位生命設計師最重要的一種基本心態。好奇心或許會殺死一隻亂管閒事的貓，但好奇心也可以拯救並且改變你未來的生命。

我的生活，真的得這樣子過下去嗎？
我的未來，只能往這個方向前進嗎？
我的工作，沒有其他更好的選擇嗎？

別再當個乖寶寶了。沒事多問為什麼？帶著你的好奇心，開始探索自己全新的人生吧！

大叔的
人生設計課

練習 喚醒好奇心

請利用以下表格，列出自己心中一直很想搞清楚的三件事情，喚醒自己的好奇心吧！

我 一 直 想 要 搞 清 楚 的
三 件 事 情

1.＿＿＿＿＿＿＿＿＿＿＿＿＿

2.＿＿＿＿＿＿＿＿＿＿＿＿＿

3.＿＿＿＿＿＿＿＿＿＿＿＿＿

心態二：行動導向

在我還是職場菜鳥的時候，心裡最討厭那些老是「只出一張嘴」的人，無論是高高在上的主管、無理取鬧的客戶，或是總臭著一張臉的老闆。雖然在工作上我們有著必須遵守的倫理道德，但時間一久了，還是常常會被搞得理智崩潰甚至抓狂暴走……。

等到自己好不容易當上了主管，開始成為老闆與基層員工之間的夾心餅乾之後，我才發現原來家家有本難念的經，公司裡的每個職位都有不為人知的苦。只出一張嘴的人其實並不是偷懶，而是他們的任務本來就是得透過他人來共同完成工作。

如果把組織比喻成一個人的身體，老闆跟高階幹部就像是腦與心；中低階主管相當於眼睛跟嘴巴；而基層員工就如同是手腳般的存在。每一個器官都必須和諧運作，才能夠活出健康的人生。

無論你想做什麼，都得先透過腦袋思考、眼睛觀察、嘴巴溝通、雙手執行、雙腳前進，才能夠透過行動創造出成果。而這也是每一個人（公司）得以在職場（市場）上生存下來最重要的一種關鍵能力。

行動力代表執行力，而「行動導向」就是每一位生命設計師必備的第二種心態！

勇敢試一試

根據網路上流傳的一則哈佛大學研究報告指出，會讓你一生一事無成的九大原因包含了：

❶ 猶豫不決。

❷ 拖延。

❸ 三分鐘熱度。

❹ 害怕被拒絕。

❺ 自我設限。

❻ 逃避現實。

❼ 總是找藉口。

❽ 恐懼。

❾ 拒絕成長。

然而，無論阻礙你活出圓滿人生的最主要因素是哪些，解決問題的方法始終都一樣，那就是**「採取行動並且做出改變」**。只要動手試一試，你就能夠馬上驗證腦袋裡的想法有沒有實現的可能性！

身為一名貨真價實的生命設計師，你除了要具備敏銳細膩的**觀察力**、天馬行空的**創造力**，更得擁有過人的**行動執行力**，才能夠親手打造出夢想中的人生。

　　大約在五、六歲的時候，我最喜歡的玩具是一大箱長得很像樂高的積木方塊。每一天，我都透過那些大大小小的方塊打造出各式各樣不同的汽車、火箭、機器人、房子。即使在別人眼裡，它們可能一點都不像，但我卻依舊樂此不疲，每天都沉浸在自己創造出的小小世界裡。

　　一直到現在，我還是很喜歡欣賞孩子們在玩積木時臉上的神情——你可以從他們專注的眼神中看見未來的夢想跟希望。這些小小設計師們從不遲疑，想到什麼就立刻做出行動，打造出自己腦中所看見的一切。

　　這裡試一試、那裡試一試，除了感到樂此不疲，更會讓人樂在其中，你的生命將因此充滿了可能性，從此擁有嶄新的樣貌！

行動方案

　　想要實現夢想人生，關鍵的一步就是「採取行動並且做出改變」。現在就來嘗試列出你此刻馬上可以試一試的三個行動方案吧！

我 的 三 個 行 動 方 案

1._____

2._____

3._____

心態三：重擬問題

如果你曾經在駕駛時使用過 GPS 或是 Google Map 導航，就會發現當自己不小心開錯了路，或是錯過該轉彎的路口時，系統會立刻規劃出一條新的路徑，並且建議你調整接下來的行進方向。

在過往的學習經驗中，大部分的師長都告誡我們「君子立恆志，小人恆立志」，所以我們總告訴自己立志要趁早，同時要堅定不移地往目標努力前進。

但事實上，大部分的人都搞不清楚自己的志向究竟在何方。我們從小所立下的人生目標，通常會受到父母親的殷殷期盼，以及傳統社會價值觀的強烈影響。就像是依循著地圖資料庫沒有更新，或是衛星訊號有問題的過時導航系統指示盲目駕駛一樣。

當你看見眼前已經沒有了道路時，還會繼續踩油門向前進嗎？

這時候，你就得學習 GPS 動態調整的處理過程，透過設計人生中「重擬問題」的心態，重新定義出正確的問題，並且找出可能的答案。

只有問對問題，才能找對答案。

重擬問句一：這是真的嗎？

錯誤的問題會引導你到錯誤的方向，並且創造出錯誤的結果。

每一位生命設計師都必須時刻覺察眼前的最新問題，並且不斷提出重擬問題的問句一：「這是真的嗎？」來替自己重新建立另一個問題框架。

如果此刻的你每一天上班都覺得很不開心，早已失去對於工作的熱情，每天都唉聲嘆氣，感嘆自己的人生始終看不見希望、看不到未來……請你勇敢問問自己：「這是真的嗎？我的人生真的只能如此度過嗎？」

如此一來，或許你就會發現，自己的人生依舊充滿了可能性，生命中的熱情隨處可見，不應當只將所有的注意力侷限在受限的工作環境裡。於是你可能會決定報名參加在職進修的課程，每天下班後重新回到學校培養自己感興趣的第二專長。

再舉一個我親眼見證的真實例子，有一位已經七十多歲的老大哥願望是退休後能到不同的地方旅行，甚至出國環遊世界。

這時他的重擬問題思考如下——

> **無效想法**：我已經一把年紀了，這個夢想不可能實現了！
>
> **重擬問句**：這是真的嗎？
>
> **重擬問題**：我要如何才能讓自己去到不同的地方旅行，逐步實現環遊世界的夢想呢？

於是老先生上網查詢，結果發現了海外打工的機會。在勇敢提出申請後，他如願出發到日本的溫泉飯店實現了夢想，回國後更參加了芥菜種會的「50+ 熟齡培力計畫」，在全台各地的民宿持續展開樂活人生的體驗之旅。

重擬問句二：怎麼了？實際上發生了什麼事情？

如果你深陷在情緒當中，沒辦法透過問句一：「這是真的嗎？」來判別事情的真偽，這時候就可以改用重擬問題的問句二：「怎麼了？實際上發生了什麼事情？」來進一步幫助自己跳脫情緒，重新定義出問題的正確框架。

這個方法尤其適合用在跟「人」有關的煩惱上，舉例來說，前陣子有一位朋友在大叔診聊室裡跟我傾訴了心中的煩惱，以下是我們倆的對話。

　　朋友：怎麼辦，我覺得自己的太太不愛我了。

（無效想法）

　　大叔：這是真的嗎？我覺得你們感情看起來很好啊！（提出問句一）

　　朋友：我不知道，就是一種心裡的感覺而已。（陷入情緒）

　　大叔：怎麼了？實際上發生了什麼事情？（提出問句二）

　　朋友：就她最近對我很冷漠，每天早出晚歸的，總是臭一張臉給我看，也一個人跑去睡覺……。

　　大叔：原來是這樣，那除了這些事情之外，還有其他的事件造成你這樣的感受嗎？

　　我們就這樣聊著，把焦點從「感覺」慢慢移轉到了「事件」上頭，然後這位朋友突然發現，真正的問題或許發生在太太的工作上頭，因為前陣子公司剛空降了一位新主管，對太太造成了很大的壓力……。

　　在這個例子中，朋友的重擬問題情境如下——

　　無效想法：太太已經不愛我了！

　　重擬問句：怎麼了？實際上發生了什麼事情？

> **重擬問題**：太太最近在工作上面臨很大的壓力，我該如何陪伴她一起面對這次的挑戰？

　　透過以上的對話，這位朋友藉由重擬問題的過程成功跳脫自己的感受，決定每天都要關心太太的工作狀況，同時主動接送太太下班，創造更多兩人相處的時光。最終成功化解了這場夫妻的感情危機。

　　當感覺人生又卡關時，不妨誠實地問問自己：這是真的嗎？實際上發生了什麼事情？

　　透過生命設計師獨特的重擬問題心態，你將能夠迅速轉念，快速規劃出下一個新的解決方案！

練習　重擬問題

　　心中的「無效想法」常常阻礙我們對於事實的認知。試著覺察一個自己的無效想法，並嘗試重新擬定問題，一起來重新設定導航路線吧！

重擬問題

無效的想法

重擬問句一：這是真的嗎？

重擬問句二：怎麼了？

實際上發生了什麼事情？

心態四：自我覺察

在漫長的人生旅途中，你覺得是結果重要？還是過程比較重要？抑或是兩者一樣重要？

我曾經問過很多人這個問題，但每個人的答案都不大相同。在不同的人生階段裡，當你扮演著不同的角色，或是看待著不同的事物，你的心態就會隨之調整，甚至做出截然不同的選擇。

後來我才發現，其實更重要的是你的「心」有沒有時刻陪伴自己，並與你同時抵達最後的終點。這在整個過程中有意識地關注著自己內在感受的行為，就稱之為「自我覺察」。

一切都是過程

生命設計師會用心觀察過程中發生的一切，而非只專注於最後的結果。

雖然某 A、B 兩點間最近的距離是直線，但最美麗的線條卻是曲線。尤其在人生中，當你遇到了一些無法排除的阻礙時，勢必得學會繞道而過，也就此走出了獨特的路徑。在人生中發生的每一件事情都不是偶然、都有其必然性，只是你在當下可能無法理解而已。

當生活不小心卡關了，感覺到迷惘的時候，試著讓自己向後退一些，用嶄新的視角綜觀全局。先回顧過去，再看看現在，接著用心想像未來，如此就能找出最適合自己的下一步了！

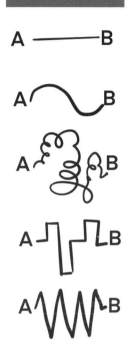

AB 兩點之間的路徑

心態五：通力合作

人們常說：「一個人走得快，一群人走得遠。」

無論過去的你是否總是單打獨鬥，或是早已習慣跟別人一起打天下。在設計人生中，每個人都必須要學會**透過通力合作的方式，依靠團隊的支持與力量**，才能夠走得又快又遠！

生命設計師最重要的任務是要「打造」出理想的人生樣貌，而不僅僅是在紙上畫出完美的設計圖而已。你得像是一名手握著原始設計圖的室內設計師，安排指揮泥作工、水電工、木工、油漆工以及清潔工依序完成各自負責的項目，在過程中還得依照施工的狀況隨時修整設計，以吻合現場環境

的需求。

當然你也可以像藝術家一樣，從頭到尾堅持靠自己的雙手親自打理完成一切，但那會比較像是美麗的藝術作品，而非優秀實用的設計作品。

再強調一次，設計師的首要任務是「解決問題」，而非標新立異或是非凡出眾。

你可以花一輩子的時間，一個人慢慢蓋好一棟房子；也可以跟一群人一起，共同蓋出許多偉大的建築物。人類是群居的動物，生命設計師們都懂得藉由互相支持，打造出彼此充滿意義的人生。

請別人幫忙

優秀的設計師們都知道，在設計人生的過程中你一定要想辦法集結眾人的智慧，尤其是在「創意發想」以及「打造原型」的執行步驟中，你得透過其他導師、教練，以及同伴的支持才能激發出最多的可能性！

就像是大公司裡的研發團隊一樣，每當他們在進行專案任務時，一定會定期聚在一起開會，確認最新的執行進度、狀態、遇到的問題，同時討論解決的方法。

一位出色的生命設計師，就好比是一位充滿魄力的專案

經理（PM），但這回你負責的不再是別人指派的任務，而是自己獨一無二的人生。

當局者迷，旁觀者清。最好最棒的創意點子往往都來於其他人的嘴裡，你需要做的，就只是開口請別人幫忙而已。

練習 開始合作

優秀的生命設計師，會與自己的團隊一同前進，透過他人協助，可以成就前所未有的力量。請在下面列出一個目前卡住了的事件，試著對他人說出來，邀請別人幫忙。

我想拜託你幫忙！

心態六：說故事

很久很久以前，早在文字還沒有被發明的古老時代，人類的祖先們就開始靠著口耳相傳的方式，一代一代流傳許多傳頌千年的傳說。

即便後來文字誕生了，人們依舊喜歡透過故事的型態記錄下歷史洪流中所有發生的一切，也因而陸續誕生了許多膾炙人口的偉大作品。

自古到今，最具影響力的領袖們幾乎都是說故事的高手，無論是政治家、企業家、宗教家、思想家，或是近代在社群媒體上呼風喚雨的 KOL 以及網紅們。

你可能從沒親眼見過一九六〇年代的美國黑人民權運動領袖馬丁・路德・金恩博士，但你一定聽過他那場名為「I have a dream」的動人演說。這場於林肯紀念堂前發表的世紀演講，促使美國國會通過《一九六四年民權法案》，廢除了種族隔離和歧視政策，從此改變了無數人的未來。

只要說個動人的好故事，就可以創造出互動交流的機會，吸引志同道合的夥伴加入計畫，共同推動心中的夢想、設計出嶄新的人生。

分享的力量

「我要成為海賊王」、「一起航向偉大的航道吧」！

《ONE PIECE》（海賊王／航海王）這部由日本漫畫家尾田榮一郎創作的少年漫畫，自一九九七年開始連載至今，已經在三十多個國家發行了一〇六冊單行本，並在二〇二二年七月創下全球累計銷量突破五億本的驚人金氏世界紀錄！

這部熱血的漫畫陪伴我走過了二十、三十、四十，三個不同的年齡階段，甚至還成為了自己與孩子們親子共讀的讀物。我們一起參與了海賊主角蒙其‧D‧魯夫想要得到傳說中「ONE PIECE」寶藏的夢想，展開了這場長達二十多年的海洋冒險故事。

每抵達一個全新的國度、每認識一位新的夥伴，魯夫都會不假思索地直接說出心中的夢想，一點都不擔心自己會成為別人的笑柄。就這樣不知不覺地，草帽海賊團從故事剛開始的一個人慢慢增加到了超過十個人的規模。

在這群夥伴中，每個角色都是獨一無二的存在，無論是索隆、香吉士、娜美、羅賓、佛朗基，或是其餘的每一位團員。他們每個人都擁有各自的性格，但卻不約而同因為魯夫的夢想加入冒險的行列，這就是透過分享所傳遞出的力量。

雖然這部漫畫還沒進入最終的結局，但我打從心裡頭相

信，魯夫最後一定能夠實現自己的夢想。因為他已經透過生命設計師獨特的六種心態，親手打造出了一支夢幻的海賊隊伍，勇敢無懼地航行在圓夢的偉大航道上。

　　只要開口說出你的精彩故事，就能透過分享獲得支持自己的力量！

練習 分享夢想故事

　　充滿個人色彩的精采故事，會幫你吸引志同道的好合夥伴。準備好一個關於自己夢想的故事，分享給你最好的一位朋友。

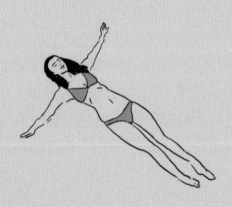

第三章
出發尋找人生的答案

啟動設計人生最重要的第一個步驟，就是同理使用者（也就是自己）的需求。不知道你是否跟我一樣，庸庸碌碌活過了大半輩子，依舊對於真實的自己一無所知，就像個陌生人一樣。

我是誰？我想做什麼？我要怎麼做？

這三個問題我已經想了很久，卻始終沒有找到過真正的答案……從小到大，我依照著父母親的期盼長大，彷彿走在一條鋪設好的隱形軌道上頭，陸續完成了一個又一個人生的階段目標。那種感覺似曾相識，很像是從前搭捷運上下班時，疲憊不堪的自己就算閉上了雙眼，依舊能夠藉由車廂內的廣播，提前知道接下來的下一站、下下一站，以及最後將會抵達的終點站。

嗶嗶嗶～捷運的關門聲響起，列車即將啟動，坐在車上的我不由自主地想著：

這，真的是我想要的人生嗎？

後來，在為期六週的「台大設計人生 - 引導員培訓課程」裡，我開始搭上了一班不知會開往何處的列車，正式出發尋找屬於自己的答案。

我是誰？

　　四十五歲以前的我，整天腦袋裡想的都是功成名就，心裡在意的除了薪水、職稱、開的車、穿的衣服，還有住的房子。我每天早出晚歸，汲汲營營過著成功人士才配擁有的生活，就像是電影《楚門的世界》（*The Truman Show*）裡的男主角金凱瑞一樣，雖然沉浸在幸福美滿的劇情當中，卻時常對於眼前的一切感到疑惑……。

　　還記得在女兒很小的時候，有天她從幼兒園帶了一本可愛的童話繪本回家要我在睡前唸給她聽，如果我沒記錯的話，這本《彩色小兔》的內容大概是這樣的——

　　　很久很久以前，森林裡有隻悶悶不樂的小兔子，
　　牠長得又小又土，身上只有一種單調的顏色，既沒法
　　發出嚇人的怒吼聲，也缺乏獨特的飛天遁地能力。在
　　一群一起長大的動物朋友中，牠永遠是最不受矚目的
　　那個存在。

　　　因為羨慕長頸鹿和鸚鵡身上美麗的斑紋，所以小
　　兔跑進樹叢裡，用了很多野生的莓子往自己身上塗
　　抹，讓自己變成了一隻色彩繽紛的彩色小兔。

這麼一來，無論走到哪兒，所有的動物們都遠遠地就可以看見牠，小兔得意地在森林裡閒晃，享受著生平第一次被注目的感覺。沒想到，狡猾的狐狸早就注意到彩色的小兔子，突然間從草叢中跳了出來，往牠身上撲了過去！

小兔嚇得邊哭邊逃、邊跑邊躲，可是不論牠再怎麼躲藏，狐狸都依舊能夠一眼就找到鮮豔醒目的牠。就在千鈞一髮之際，聽見求救聲的長頸鹿和斑馬趕來幫忙，好不容易才一起把狐狸趕跑，解救了早已驚嚇到全身發軟的小兔。

臨走前，長頸鹿提醒了小兔，其實每隻動物身上的顏色都是屬於自己的保護色，那是上天精心安排好的禮物。

從此之後，森林裡再也沒出現過彩色小兔，小兔恢復了牠原本的模樣，每天開心地在森林裡蹦蹦跳跳玩耍著……。

當我在唸這個故事給女兒聽的時候，心裡頭突然湧出了一股淡淡的哀傷，因為我發現自己其實就像是另外一頭缺乏自信，整天都在模仿其他動物的獅子。我曾經學過猴子攀

爬、鳥類飛翔、鱷魚游泳、樹懶棲息，結果全都徒勞無功，因為那根本就不是自己天生的姿態，就算我再怎麼努力，永遠還是贏不過別人。

三十多歲創業失敗時，我意識到自己的人格特質並不適合當老闆。在四十五歲中年失業之後，更理解到其中缺乏的正是一股殺伐果斷的狼性。與此同時，我也開始向內覺察，發現自己身上所存在的，是柔軟、同理、傾聽與正向鼓勵的能力。

當學會了不再胡亂模仿比較之後，我就像是找回了天生樣貌的小兔一樣，從此專注在自己真心期盼的生活，以及個人能力所做得來的事物上頭，開始真正成為了「人生」這座森林裡的一分子。

只要活出真正的自己，這個世界就會因為你而變得更加精彩！

WayFinding Map

設計人生提供了許多威力強大的探索工具，可以幫助我們釐清此刻所處的人生位置，並且發現自己真實的樣貌。

第一個要跟大家介紹的工具叫做「 Wayfinding Map」（找路地圖），透過回顧過去兩年間發生的重要事件，它將引導

我們一步步釐清事件發展的軌跡、彼此之間的關聯性、對於自己的意義，並且預測接下來的可能性。

Wayfinding Map

★ 使用時機：當你突然間失去了前進的方向，想要釐清此刻的人生位置時。

★ 使用方法：找張白紙或是海報，由左至右劃分為九個區塊，並依照以下步驟使用。

★ 使用步驟：定義時間軸→回顧事件→放上事件→串連事件→預測事件→分類事件→定義事件→衡量事件

在簡單了解 Wayfinding Map 的使用時機與方法之後，下面為你詳細說明使用步驟。

步驟一：定義時間軸

（找出現在、過去、未來）

最右方的區塊代表未來；左方則有八個區塊，每一個區塊都分別代表了三個月的時間。請由右方第二個區塊（此區代表了現在）開始，依序寫下每個區塊所代表的時間。（年／季）

最右方的區塊代表著未來的一年，請在區塊下方處寫下所代表的年份。

例：本書出版時間是二〇二三年第四季，此時繪製的 Wayfinding Map 就會長這樣子。

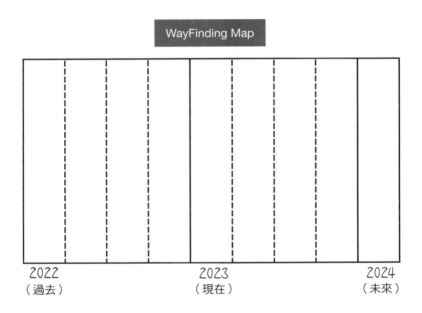

步驟二：回顧事件

回顧過去兩年期間發生的重要事件，可能是做出某些決定、達成某些成就目標、某種工作或是生活上的改變，或是建立了一段新的關係等等，你可以記下所有想要記錄的事。

步驟三：放上事件

將步驟二所回顧的重要事件，依照所發生的時間點，放置在對應的時間區塊之中。（在圖上八季的範圍之內）

步驟四：串連事件

把事件放上對應的時間區塊後，把其中「有脈絡性」的事件彼此串連起來。（事件之間有先後順序或是因果關係）

步驟五：預測事件

當你將過去兩年的關聯事件串連好之後，請大膽地預測並開始想像，在接下來的一年內會有什麼發展？或是自己是否有什麼新計畫即將開始執行？請將這些全部都記錄在最右側的格子裡。

步驟六：分類事件

接下來，把你「事前沒預料到」會有脈絡性的一連串事件稱為「Wanders」（漫步、探索），用虛線連結標示；把「事前有計畫」會有脈絡性的一連串事件稱為「Tracks」（軌道、路徑），用實線連結標示。

＊可隨個人喜好改用顏色區分，或以不同線條種類代替。

步驟七：定義事件

看一看有哪些是出乎意料的 Wanders？你會想要繼續發展下去嗎？

對於那些預期之中的 Tracks 感受又是如何？你有想要中斷的念頭嗎？

在你的 WayFinding Map 中是否有單獨發生的事件？你是如何看待那個事件的？

步驟八：衡量事件

當你無法判斷自己對於事件的感受時，可以透過以下 PERMA 的五個指標，衡量每個事件的價值——

PERMA 指標（0～5 分）

· **正向情緒**（Positive Emotion）：這些事件是否能夠替你帶來開心、喜悅或是滿足的感受？

· **投入**（Engagement）：你以何種態度參與這些事件？主動積極或是被動消極？

· **關係**（Relationship）：處理事件的過程中，你是否有與其他人進行互動、交流，甚至合作？

· **意義**（Meaning）：這些事件對於你來說，是否具有獨特

的價值或是意義？

・**成就**（Accomplishment）：事件的結果，是否能夠讓你獲得成就或是肯定？

步驟九：覺察事件

在繪製 WayFinding Map 的過程裡，你發現了什麼？

在 PERMA 五個指標中，你最在意的是哪個項目？

在串連過去、現在以及未來的過程中，你有什麼感受？

一直到現在，我都還保留著自己之前所寫的 WayFinding Map，以及當時記錄下的三點心得：

❶ 沒預期到的事件通常是起點，也就是「命運」。

❷ 有計畫的事件會串連起來，累積成為「機會」。

❸ 你無法改寫命運，但可以掌握住機會。

透過 WayFinding Map 釐清過去、現在、未來，你將會更了解此時此刻的自己。

如果你願意，還可以搭配不同「顏色」的便利貼進行事件的分類，或也可以依照當時投入的精力（時間）裁剪成不同的大小，在過程中留意自己內心的感受以及發現。

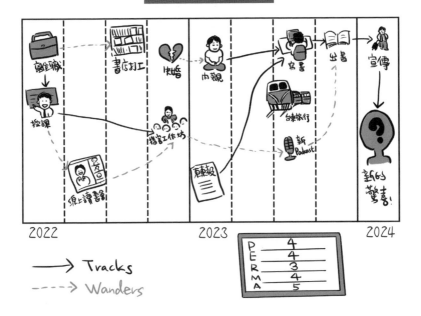

我的 WayFinding Map

2022　　　　　　　2023　　　　　　　2024

→ Tracks
----→ Wanders

你最在意哪個事件？你花最多時間在哪些事件上？你是否有把精力投注在真正重要的事件上呢？

很多人每年都會製作全新年度的「夢想板」，如果能夠同時搭配 WayFinding Map 一起使用，將可以提供你更具體、更清晰、更有邏輯的夢想實現藍圖。

只要找出對的路徑以及方向，就能輕鬆用夢想設計你的人生，實現所有想要達成的目標！

WayFinding Map

　　當你失去了前進的方向或動力，想要釐清此刻的人生位置，找一張白紙，跟著前述的九個步驟，一邊繪製一邊覺察，動手完成你的 WayFindingMap 吧！

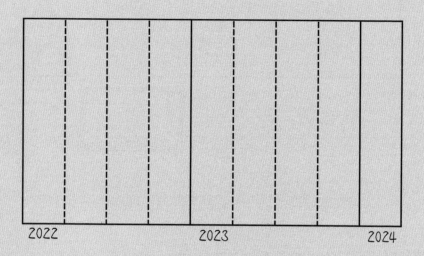

看不清方向？

如果把人生當作是一場大型的考試，你覺得考試出的題目會是選擇題？是非題？還是申論題？

坦白說，這些測驗我都曾經做過，而且即便到了現在還是會時常被迫面對。人生的試煉跟在學校唸書時的考試測驗，最大不同在於，這些題目除了很少是單選題之外，往往也都沒有提供標準答案。

許多人終其一生都在追尋著人生的「勝利方程式」或是「最佳解答」，但事實上，根本就不會有這種東西的存在。就算有的話，充其量也只是屬於你個人詮釋的版本而已。

俗話說「條條大路通羅馬」，成功的道路除了不只一條，勝利的方法更是有超級多招。下一回當你又面臨了挑戰、必須得做出抉擇時，請先放下心中對於標準答案的執著，善用設計師的六種心態（好奇心、行動導向、重擬問題、自我覺察、通力合作、說故事）重新（從心）做出你的「選擇」。

當你想要看清楚自己下一步該前進的方向時，善用「人生羅盤」這個獨一無二的工具，將會是最棒的一個方法！

人生羅盤

如果你曾經看過《神鬼奇航》（*Pirates of the Caribbean*）系列的電影，一定會對於強尼戴普（Johnny Depp）飾演的傑克·史派羅船長印象深刻，每當他要指揮海盜船出海時，都會先從自己的懷中拿出航海地圖以及指北羅盤，透過指北針確認當前目標的方向之後，再向船員下達該如何轉舵前進的指令。

而航行在茫茫人生大海中的每個人，也都應該要擁有一個自己專屬、量身定制的「人生羅盤」，在遭遇到生命迷航的時候，用來快速指引我們找出正確前進的方向。

人生羅盤主要是透過每個人獨無二的「人生觀」以及「工作觀」所組成，當你親手打造出的人生同時符合這兩者時，就能創造出「一致性」，並且航向正確的生命方向。

人生羅盤

★ 使用時機：當你對於人生感到迷惘，不知道如何做出正確的決定時。

★ 使用方法：拿張空白的紙張，找個能讓自己感到放鬆的環境，用書寫的方式依序回答以下問題。

人生觀

「人生觀」聽起來既崇高又嚴肅，但其實它並沒有你想像中的那麼困難。

你覺得人生中最重要的事有哪些？你覺得什麼東西會帶給人生意義？你覺得做到哪些事會讓你不枉此生？

人生觀其實就是屬於你的人生哲學，也是你終其一生追求的目標以及生活方式。

請嘗試回答以下這些問題，寫下自己認為的答案：

- 人活在世上是為了什麼？
- 人生的意義或目的是什麼？
- 個人與他人的關聯是什麼？
- 家庭、國家，或是世界上其他的事情，對我的人生有什麼意義？
- 什麼是善？什麼是惡？
- 公平重要嗎？正義重要嗎？
- 你相信上帝或神明存在嗎？祂們對你來說意義為何？

工作觀

「工作觀」並不是指工作職責的說明，而是你都用什麼樣的價值觀來判斷一件工作的好壞。

工作觀就是屬於你的工作哲學──人為什麼要工作？工作的目的為何？你可以透過工作觀來解釋自己對於工作的看法，並且從中找到工作對於自己的意義！

如果你擁有一份人人稱羨的好工作，但每天都提不起勁出門上班，甚至時常想要辭職不幹的話。最大的問題可能就出在這份工作並不符合自己的工作觀。

嘗試回答以下這些問題，寫下自己認為的答案：

- 為什麼要工作？
- 工作是為了什麼？
- 工作的意義是什麼？
- 工作跟個人、家庭、社會有什麼關聯？
- 什麼是好工作？什麼是壞工作？
- 什麼是有意義的工作？什麼是沒價值的工作？
- 金錢、經歷、學習、成就與工作的關係是什麼？

一致性（真北）

人生具備一致性，代表的是你能清楚串起「我是誰」、「我的信念是什麼」以及「我目前在做的事情」，簡單來說，就是你過的每一天都能完全符合自己的「人生觀」以及「工作觀」。

如果你的人生觀是家庭第一，但卻天天工作加班到深夜，

回到家裡小孩跟另一半早都已經睡著了。那麼儘管你為了家庭如此犧牲奉獻，但心中始終會感到遺憾跟不開心——這就是缺乏一致性的現象。

如果你的工作觀是希望能夠持續學習成長，但成天卻只能做些單調重複的事務性工作，每天早上你除了提不起勁出門上班，工作時的每一分每一秒更覺得像度日如年——這也是缺乏一致性的現象。

曾經有個膾炙人口的故事：

一位有錢的商人來到一個小島上渡假，他雇用了島上的一個漁夫擔任他的私人導遊。

幾天之後，商人問漁夫說：「你為什麼不再買一艘新的漁船，這樣就可以捕更多的魚，賺更多的錢了？」

漁夫看著商人，疑惑地說：「賺更多的錢，然後呢？」

「你賺的錢存下來就可以買第二艘、第三艘漁船，擁有自己的船隊。」

「然後呢？」

「你就有資本建設魚罐頭工廠，行銷全世界。」

「然後呢？」

「然後你就可以像我一樣，每年可以有一個月悠閒地在這

小島上渡假，享受自己的人生了啊！」

　　漁夫最後笑著回答商人說：「可是，我現在已經天天在這小島上渡假享受人生了啊？」

　　在這段對談中，商人說的話雖然很有道理，但漁夫所回答的想法也沒有錯。這個充滿設計人生哲理的小故事充分體現了「人生羅盤」的獨特性以及重要性。

　　現實生活中的你，比較像是故事裡的那名商人？還是那位漁夫呢？

練習　人生觀／工作觀的一致性

　　你的人生觀與工作觀是否一致？這關係到你對於人生方向的掌握，以及實際能感受到的幸福感。請依循以下三個步驟，參考後方三張表格，對照生活來確認吧！

❶ 依據前面的提問，分別寫下你的人生觀以及工作觀。（至少四百字）

❷ 比較一下兩者是否相輔相成，找出彼此相同、類似之處，也試著釐清矛盾衝突的地方。

❸ 對照一下你目前的生活，並且寫下你的三個發現。

我 的 人 生 觀

我 的 工 作 觀

人生觀與工作觀比較

相同類似：

_____

_____

矛盾衝突：

_____

_____

比照自己目前生活後的三個發現：

1. _____

2. _____

3. _____

搞不清楚意義？

雖然影星阮經天在艋舺裡曾經說過：「意義是啥小！」但全球知名的研究學者賽門・西瑞克教授（Simon Sinek）也曾在他著名的黃金圈理論（The Golden Circle）中提出：「**找到你的為什麼**」對每個人是多麼的重要。

黃金圈理論告訴了我們為什麼有些人可以成功、有些人卻一輩子註定普普通通？

找到屬於自己的為什麼，就能更加輕易地做出選擇。如果你經常不知道事情為何而做，導致缺乏動機、半途而廢，或許可以透過接下來介紹的「IKIGAI」來釐清自己人生的意義、找出自己生存的理由，以及發現自己生活的價值。

IKIGAI

當你找到了人生想要前進的方向，並且釐清了自己的人生觀以及工作觀之後，我們接著就要來練習如何把這些重要的發現應用在「此時此刻」的生活當中。

「IKIGAI，生き甲斐」（生きがい）這個詞彙是由日文「生き」（IKI，生存），和「甲斐」（KAI，價值）組合而成的，源自於日本的沖繩縣，用來描述生命的意義以及喜悅。

Golden Circle

黃金圈理論

Why：你為何而做？

How：你如何做到？

What：你做了什麼？

有人把 IKIGAI 翻譯成「生存的價值」，也有人會直接解釋為「讓你每天早上起床的理由」。

IKIGAI 的感受與幸福相似，但更多了一份生活的踏實感，它透過「你愛的事」、「你擅長的事」、「你賴以維生的事」，以及「世界需要的事」四大元素組合而成，能夠讓我們重新思考自己的生活方式。

請再一次問問自己，你每天起床為的理由是什麼？是為了實現你的夢想？還是只為了度過重複又無聊的一天？你為什麼要活著？你的生存價值又是什麼呢？

接下來，就讓我們一起透過 IKIGAI 來找到屬於自己的答案吧！

IKIGAI

★ 使用時機：當你對於人生感到懷疑，想要搞清楚此生的價值以及意義時。

★ 使用方法：找一張空白的紙張，畫上四個圈圈（如右圖），依照以下提問寫出心中的答案。

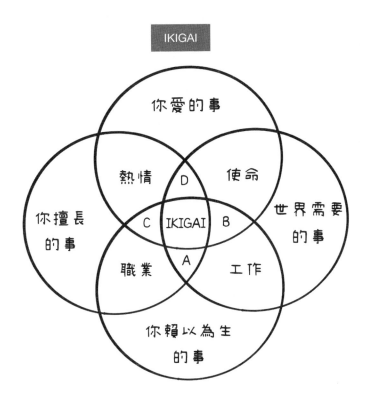

最重要的四件事情

一、你愛的事

舉凡所有你做起來會很有熱情的事情，例如：我平常很喜歡騎單車，每當踩動踏板的時候就會感覺很有活力，甚至開始吹起口哨；又或是我超愛跟人聊天，時常可以不知不覺

地連續講好幾個小時的話，還覺得意猶未盡。

通常我們在做自己愛的事情時，都會感到特別有活力，不太會覺得無聊，也不容易感到疲憊。試著在工作中找到讓你感覺享受的元素，就能激發出內在的熱情，從此天天都很開心地上班！

二、你擅長的事

大至某種專業技能，小至某些天賦才能。只要能夠讓你特別耀眼，表現得比其他人出色，做起來感覺特別輕鬆的事情，那都是你擅長的事情。

你不一定要使用自己擅長的事當作武器，但你一定得知道自己擁有哪些武器。

三、你賴以維生的事

別忘了，我們依舊活在一個現實的世界。有錢雖然不一定能買到快樂，但沒有錢一定會很不快樂。你不一定要追求很多的金錢財富，但至少得先擁有滿足自己基本生活需求的收入，才有可能去做那些自己享受的事情，進而找到人生的意義。

找一份自己做得來的工作，先想辦法養活自己，再試著

從其中發現樂趣。

四、世界需要的事

這除了是 IKIGAI 中最重要的一件事情，更是決定你最終能夠如何與我們生存的世界合為一體的關鍵因素！

一直以來，大部分的人總習慣將較多的注意力放在自己的身上，直到行有餘力之後，才開始關心起別人的需求或是存在。

當我們看到「世界」這兩個字時，總會覺得它距離自己很遙遠。無論是臭氧層已經破了一個大洞，或是全球氣候變遷，甚至是拯救非洲飢荒的難民……。

或許你會覺得，這些偉大的事情完全輪不到自己，或是根本就不干我們的事情。但事實上，真的是如此嗎？

只要是活著的每一個時刻，我們跟整個世界其實都密不可分！

請試著問自己一個問題：「我希望這個世界的哪個部分，可以因為自己而變得更好？」

這個任務必須從你本身出發，就算是一件再微不足道的小事，只要能夠透過自己的付出帶來些微的改變或是成果，這件事就具備了存在的價值以及意義，而它也正是世界需要

的事情。

　　無論是陪伴自己飼養的寵物散步、照顧自己的父母親終老，或是隨身攜帶環保餐具降低地球的負擔，都可以改變我們的世界，讓未來的每一天變得更好！

最關鍵的四大元素

　　透過「你愛的事」、「你擅長的事」、「你賴以維生的事」以及「世界需要的事」這四件事情的兩兩交集，我們可以分別組合出「熱情」、「職業」、「工作」以及「使命」這些最關鍵的四大生命元素──

- **熱情**：你愛的事＋你擅長的事。
- **職業**：你擅長的事＋你賴以維生的事。
- **工作**：你賴以維生的事＋世界需要的事。
- **使命**：世界需要的事＋你愛的事 。

最常見的四個問題

　　最後，我們可以在「你愛的事」、「你擅長的事」、「你賴以維生的事」、以及「世界需要的事」其中任三者重疊的地方，分別找出 A、B、C、D 四個區塊，這裡代表的則是我們生活裡常見的問題所在（三缺一）──

A. **安定舒適**，但常不自覺感到空虛，缺少了你愛的事。

B. **成功驕傲**，但常感受到迷惘與困惑，缺少了你擅長的事。

C. **幸福滿足**，但常覺得自己不受肯定，缺少了世界需要的事。

D. **動人自信**，但常因為生活感到困擾，缺少了你賴以為生的事。

總是困擾你的那些問題，發生在哪個區塊當中呢？

透過這個練習，讓我們一起找出工作卡關、生活不開心、人生失去方向的問題，一起勇敢做出改變、重新發現自己生存的價值與意義吧！

練習 寫下自己的 IKIGAI

當你對人生感到懷疑，想要搞清楚此生的價值以及意義，拿出一張空白紙，畫下 IKIGAI 的四個圈，跟著這些項目的指引，列下你人生的四大元素、拼湊最重要的四件事，並且重新思考，可能困擾你的四大問題吧！

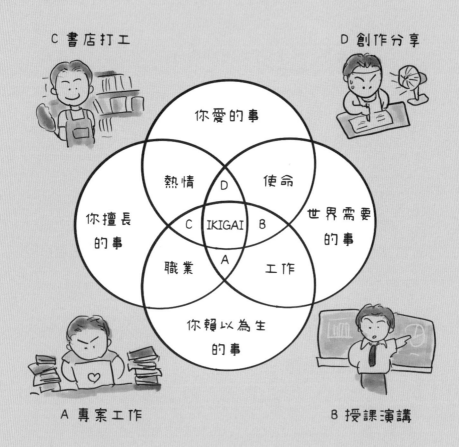

C 書店打工

D 創作分享

你愛的事

熱情　D　使命

你擅長
的事
　C　IKIGAI　B　世界需要
的事

職業　A　工作

你賴以為生
的事

A 專案工作

B 授課演講

越工作越自由，勇敢探索未知的人生

環顧我們的周遭，有許多知名的成功人物其實都是優秀的生命設計師，就像《越工作越自由》的作者 Emily 一樣。

流行預測師 Emily Liu 把人生比喻為一所「拼圖大學」，你必須透過好奇心尋找屬於自己的天賦禮物（Gift），不斷開發並且發現自己隱藏的潛力，慢慢解鎖你對自己的理解。

每次你經歷一個具有實質探索意義的工作，你就會獲得一塊「能力拼圖」。隨著越拼越多，你那獨特的生命樣貌，也就日益成形。當探索性質越大，難度越高，你就能夠獲得更多、更大塊的能力拼圖。

從還沒進入大學的十八歲開始，Emily 就勇敢展開了對於生命的探索，每一份獨特且精彩的工作都讓她成為了更完整的自己，每一次歸零後的重新出發也都為她創造出了非凡的全新體驗。

無論是擔任服飾專櫃的超級 PT、美語補習班的王牌老師、海上石油探勘公司的地下總管、高級訂製禮服的負責人、百貨自營品牌的開拓者，她一次又一次勇敢踏出了舒適圈，一步又一步親手打造出了專屬自己的自由圈。

Emily 認為「工作」跟「職業」不同，人人都需要工

作，但卻不一定需要職業。

> - 工作（Work）：為達成某種結果和目的，所花費的心思以及付出的努力。
> - 職業（Job）：為了賺錢所從事的規律性工作，俗稱飯碗。

職業必須有個人的生命意義，不是一個崇高的理想，而是一種基本的必須。能夠將個人生命意義與工作結合的人，是運用職業當作一個工具，一種方法，去達成自己生命的特殊目的。

好好思考一下，你目前從事的是工作？還是職業？是生命中的理想？還是生活中的責任？

寫給 20 歲的自己

閉上眼睛，你是否還記得自己最初的夢想？

我有個朋友，她從小到大的夢想就是要成為一個幸福快樂的家庭主婦。你沒有看錯，她想當的不是貴婦，而是一個平凡的家庭主婦，聽起來很不可思議對吧！

還記得生命設計師最重要的三種成長思維「不批評、不

打斷、保持好奇心」嗎？

透過設計人生五個執行步驟中「同理使用者」的過程，我發現我的這位朋友在很小的時候就意外失去了母親，雖然她的父親一個人含辛茹苦地把她扶養長大，但一直以來，在她的家裡面以及心裡頭，始終都缺乏了一位照顧全家人的「女主人」。

「如果媽媽能夠一直陪在我跟爸爸的身邊，我們一定會是全天下最幸福的一家人！」幼小的她時常在獨自燒飯洗衣與打掃家裡時，不自覺地想起自己的母親，以及埋在心中的這份遺憾……。

在求學的過程中，她捨棄主流的熱門科系，主動選擇了自己感興趣的幼保科就讀，畢業後成為了一位深受小朋友以及家長們喜愛的幼稚園老師。在結婚後不久，她毅然而然辭去了工作，如願成為了一位全職照顧家庭的母親，成天開心地打理著家中的一切，陪伴心愛的另一半以及孩子們度過生命裡快樂的每一天。

這是一個發生在我身邊的真人真事，一直到現在，我除了打從心裡佩服實現夢想的這位朋友，更是羨慕能夠娶到她的那位超級幸運兒，他們真的是我所見過最幸福甜蜜的一家人了！

實現小時候的夢想變成圖文作家

十六歲剛考上高中後不久，我就發現自己對讀書好像沒有太大的興趣，每堂課不是總對著窗外發呆，就是在課本上拚命畫老師的模樣。就這樣畫著畫著，有一天，我突然間有了想要成為一位漫畫家的念頭。（早知道當初就應該要去讀高職才對）

雖然在國中時從沒上過半堂美術課（都被拿去考試用了），我還是跑去書局站著看完了好幾本關於漫畫技巧的書，然後照著書裡的介紹，找到一間專賣漫畫工具的美術用品社，把身上的零用錢全都拿去買了漫畫專用的 G 型筆尖、繪圖紙、墨水，以及網點貼紙。

每天放學回家之後，我一吃飽飯便開始認真地畫畫（不是讀書），就這樣整整努力了一個星期，終於完成了人生的「第一頁」作品！

看著那一頁好不容易才畫好的漫畫，我發現自己如果當畫家可能會餓死，於是決定收起了那批只用過一次的工具，重新拿起課本，就此開始認分地唸起了書……。

我從沒想到，經過了三十年之後，自己竟然能夠重拾這個夢想，不過這回我使用的不再是傳統的紙與筆，而是最新的電繪軟體以及設計人生的心態以及方法。

當我決定要重新開始畫畫後，先是報名參加了一場大型活動，認識了幾位專攻 IG 繪圖的創作者。接著私訊請教他們使用的設備以及軟體，然後透過購買線上課程的方式，開始自學練習電繪的技巧。

Vito 大叔
的 IG

從第一幅超級不成熟的作品開始，我經過了一年多的嘗試以及摸索，好不容易才慢慢畫出稍微像樣的作品。你可以在 IG 上看見我最早期徒手畫在紙上的作品、第一張用平板電繪完成的作品，還有各個階段不斷練習、不停嘗試各種風格的作品。

你不需要很厲害才能開始，但你要開始才能變得很厲害。

就這樣畫著畫著，在二〇二三年初我終於第一次獲得正式的邀約，跟第一手掌握台東最當代人事物的東東報合作推出了「來台東必做的 26 件事」插畫。

當我手中握著那份熱騰騰、剛出刊的報紙時，心中充滿了無可言喻的悸動，那是一種靈魂被徹底滋養的感受。沒想到事隔三十多年後，我終於完成了人生的「第二頁」作品，這個圓夢的過程是不是浪漫到不行呢？

我很慶幸自己能夠重新找回二十歲時的夢想，今後也會

A2　　　　　　　新年主題特企

繼續努力下去，持續創作出更多更好的圖文作品跟大家分享。

東東報
2023 年度清單

只要透過 Wayfinding Map（找路地圖）、人生羅盤，以及 IKIGAI 這三個練習工具，一步一步地串連起過去、現在、未來，讓活著的每一天都與「人生觀」以及「工作觀」契合，你一定也能夠慢慢發掘出自己生命的意義以及喜悅。

找回我是誰，重新成為自己的主人！

我想做什麼？

看著自己整理寫出的 IKIGAI，不知道此刻你心中有什麼感受？

被寫在上頭的那個人，真的是自己嗎？所列出的那些事情，真的能夠辦得到嗎？

你的心中可能開始浮現出好多好多的問題，迫不及待想要釐清一切，立刻展開這趟改變人生的旅程。但先別著急，在正式出發之前，讓我們先來欣賞一部充滿設計人生思維的電影《靈魂急轉彎》（*Soul*）。

《靈魂急轉彎》是迪士尼公司在二〇二〇年底推出的一部動畫，電影中的劇情內容大概是這樣的：

　　在每個靈魂誕生之前，都會先在天堂裡的「投胎先修班」中培訓，只要集滿了七種不同的個人特質，包含了興趣、性格、才華……以及最重要的一個生命元素「火花」（Spark），就能獲得「地球徽章」，隨即誕生在人類世界。

　　故事的主角「喬」是一位天生的爵士鋼琴家，從小就才華洋溢卻總是有志難伸，只能一直在學校裡擔任不被重視的音樂老師，成天指導著一群不受控的學生們演奏音樂，過著日復一日的平凡人生……。

　　有一天，他終於獲得一個與著名的爵士女伶同台表演的機會。好不容易來到美夢即將成真之際，沒想到他竟然不幸失足掉進水溝裡陷入了昏迷。喬的靈魂出竅來到天堂，不想要死掉的他誤闖進了投胎先修班，在那遇到了一個怎麼樣都無法找到生命的火花、死都不願意重新回到人世的「二十二號靈魂」。

　　對許多人而言，生命中的「火花」或許是夢想、可能是熱情，也可以是種天賦。就像喬小時候第一次聽到爵士鋼琴演奏，在他意識到「我生來就是要」的那個瞬間，就透過沉浸在音樂裡的幸福感受，找到了自己此生專屬的火花。

二十二號就沒有這麼幸運了，雖然他已經完成了所有的課程體驗、並且接受過多位偉大靈魂導師（包含甘地、林肯、愛因斯坦、還有富蘭克林）的指導，卻依舊找不到誕生的目的，成為了待在投胎先修班裡最久的一位學生。

一個不願意放棄人生的靈魂遇上了一個只想放棄人生的靈魂。兩個靈魂在一次意外中「墜落」了人界，二十二號錯入了喬的軀殼，而喬的靈魂禁錮在一隻貓體內，就此展開了一段療癒彼此的旅程……。

想知道電影最後的精彩結局嗎？我決定把驚喜留給你慢慢享受，接下來就讓我們一起出發，尋找自己生命中專屬的火花吧！

找不到熱情？

許多人終其一生都在探索自己的天賦以及熱情，就像是在尋找那傳說中的雙生火焰以及靈魂伴侶一樣，因為至今未曾相遇，所以始終抱持著虛幻而美好的想像。

但事實上，根據史丹佛大學人生實驗室的研究結果。對於大多數人而言，**熱情是嘗試過之後才會出現的東西，要先親身體驗，才能夠知道喜不喜歡；要不斷地重複練習，才能夠慢慢累積精通。**

簡單地說，**熱情是生命創造的結果，而不是創造生命的源頭。**

熱情是靠培養出來的，不是發掘出來的

回首過去的人生，約莫在三十歲到四十歲這個階段，我常常會被探索天賦或是發掘天命這類的書籍所吸引，然後就一頭熱地陷了進去。那時候的想法其實很簡單，我認為只要找到了自己身上無可取代的熱情，一定就可以發光發熱，成為一個獨特耀眼的存在。

於是我展開了一場探索自我之旅，一眨眼珍貴的十年時光過去了。在換過許多不同的工作，也陸續嘗試不少新奇的行業之後，我發現有些事情雖然自己幹得還算不錯，但始終都沒有真正感受到過心中熱情的存在……。

沒想到在二○二○年初從天而降的一場 Covid-19 疫情，一瞬間就翻轉了我平淡無奇的人生，除了讓我意外失去了工作，也讓我開始成為了一位斜槓作家。

那段日子裡，我努力不懈地投入臉書粉絲團的創作，也在體內突然湧現了一股未曾有過的力量。只要一有時間，我就一頭埋入寫作裡頭，一邊寫著、一邊想著、一邊自問自答著、一邊無邊無際地翱翔著。沒想到就這樣寫著寫著，除了

慢慢寫出了興趣，也點燃了心中久違的熱情！

曾經有好幾次，自己突然面臨了靈感枯竭的低潮，好不容易才燃起的熱情一瞬間戛然而止。在那段無法持續創作的時間裡，我又重新變回了一個平凡的中年男子。

不過在經過了一段時間的沉潛之後，我重新找回了自己生活、工作以及創作的步調，而其中的秘訣就是要想辦法維持住「平衡」。燃燒熱情很像是在用跑百米的速度衝刺，感覺很嗨、很興奮、也很刺激，但只要稍微一不小心，很容易就體力耗盡，甚至跌倒受傷。

於是我開始學會調整心態，改用長跑的配速以及步調前進，保持著身心靈的餘裕，想辦法在不停下腳步的前提下，盡可能地邊跑邊欣賞沿途美麗的景色。我不再焦慮於那未知的終點風光，而是全心全意專注於享受當下的一切。

就跟訓練肌肉的道理一樣，在鍛鍊的過程中，熱情會疲憊，熱情也會受傷，熱情更需要休息。這時候最好的做法，就是跟自己的內心說聲「辛苦了！」然後好好讓他休息，等待他恢復原本的活力。

就這樣日復一日地，我每天用心在相同的一塊田地裡耕耘，不再像過去一樣，整天盲目在不同的角落挖掘尋覓。慢慢地，我終於培養出了對於創作的熱情！

這個意外的發現，完全顛覆了我過去對於「熱情」的想像，原來，**熱情就存在生活中垂手可得之處，而非藏於夢中遍尋不著的秘境所在。**你只要停下追尋的腳步，用心感受讓自己悸動的一切。

真正的寶藏就埋藏在此刻你的腳下，真正的熱情就隱身在你我的生活之中！

熱情不是源頭，而是結果

名廚江振誠曾經在〈就算工時不長，如果做的是不喜歡的工作，你還是會不快樂〉這篇專訪文章裡提出自己對於熱情的看法。

「熱情，每個人都會講，但是我發現很少年輕人真的把工作當作投注熱情的對象看待，因為在工作上沒有興趣，無法享受過程，所以在生活上也沒有熱情。」

江振誠認為，大家都應該要懂得花時間好好去做一件事。除了得具備耐力，對於覺得對的事更應該堅持到底，但是很多人常會半途而廢，看到什麼比較好，就立刻輕鬆地改變自己原來的想法；更因為缺乏耐性，什麼都要快，而忘了只有肯花時間去做，才有可能做好。

如果能夠單純以「提升自我」為目標，就等於是為自己

與熱情建立了終身的關係。這時候的熱情就已經不再是你所做的事情，而成為了你自己本身。

熱情就像是我們畢生所追求的金錢、成就以及健康一樣，他們都是生命創造出的結果，而不是創造生命的源頭。

〈江振誠：就算工時不長，如果做的是不喜歡的工作，你還是會不快樂〉
《Cheers》雜誌

好時光日誌

你有沒有每天寫日記的習慣呢？

許多著名的政治人物或是偉大的企業家，每天睡前都會親手記錄下當天發生的重要事件，以及自己內心的感受。他們透過這段與內在相處對話的過程，除了釐清自己的思緒，也同時思考著未來的下一步。

我們每一個人，也可以透過相同的方式，記錄下對生活裡大小事件的感受，覺察自己究竟喜歡什麼？討厭什麼？做什麼事情會開心？面對什麼事件會難過？

如果你看過偵辦殺人案件的推理影集，一定會發現所有的破案線索都隱藏在案發現場的蛛絲馬跡裡，而透過「好時光日誌」所記錄下的每個事件，可以幫助你更加暸解自己，

並且從中發現熱情的火花蹤跡。

我生命中專屬的火花時刻究竟發生在何處？

好時光日誌

★ 使用時機：想要找出自己的熱情所在時。

★ 使用方法：找本筆記本依照右方格式，每天在睡前寫下
當天讓自己「感受深刻」的事件（開心、不開心、專
注、難熬、成就、沮喪……），並且記錄下自己當時的
感受（投入、能量、是否有進入心流狀態）。

這個練習至少需要連續記錄一週的時間（如果能夠連續
一個月更棒），以下幾點為提醒事項：

❶ 每天一定都要確實地花時間記錄（無論工作日或是休
假日）。

❷ 特別留意能夠讓自己「專注」以及「精力充沛」的特
殊時刻。

❸ 如實寫下該事件的經過、自己當時的感受，以及心中
的想法。

❹ 覺察自己對於該事件的學習以及反省，記錄下來。

❺ 透過量化的方式分別記錄下對該事件的投入以及能量

好 時 光 日 誌

___月___日

1. _____ 心流□ 投入 能量

2. _____ 心流□ 投入 能量

3. _____ 心流□ 投入 能量

4. _____ 心流□ 投入 能量

5. _____ 心流□ 投入 能量

6. _____ 心流□ 投入 能量

7. _____ 心流□ 投入 能量

8. _____ 心流□ 投入 能量

9. _____ 心流□ 投入 能量

10. _____ 心流□ 投入 能量

指標。

❻ 如果該事件有讓自己進入心流狀態，記錄下來。

投入、能量、心流

透過好時光日誌這個有效的練習，每個人都可以從平凡的生活裡找到自己的心動時刻，同時更進一步發掘出自己生命中專屬的熱情以及火花。

你我的每一天都是由許多相同的元素（時刻）所構成，而理想的生活說穿了，就是盡可能把那些你喜歡的事情組合在一起，同時想辦法把那些你討厭的元素排除在外。就像是烹調料理一樣，只要多放些自己喜歡吃的食材，少加些自己討厭的調味料進去，就能夠輕輕鬆鬆煮出讓自己開心滿意的一餐。

用心覺察自己如何度過每一天、每件事情、每個情緒之後，我們要透過記錄分析的過程，找出自己最能夠享受當下的時刻——哪些關鍵因素會影響投入？哪些事件會帶來正負能量？哪些事物能讓自己進入心流狀態？

要找出創造美好人生的關鍵線索一點都不難，因為它一直都隱藏在日常生活當中，先用心發現它，再認真放大它，最後想辦法複製它，就能點燃自己的生命之火，活出燦爛奪

目的未來！

AEIOU 深入觀察法

　　針對記錄在好時光日誌中的重要事件，你可以更近一步透過五個不同的切入點進行剖析，以獲得更深入的觀察結果以及自我覺察──

❶ 事件本身（Activities）

　　在事件中你擔任的角色為何？主要負責的任務是什麼？這個事件是單一還是常態性發生的呢？你對於處理這類型事件的感受為何？其中最喜歡或者超討厭的部分在哪裡？有沒有其他類似的事件曾經帶給你相同的感覺？

❷ 環境因素（Environments）

　　仔細回想事件發生在哪裡？當時的環境條件如何？透過五感回溯當下的情境，無論是空間、燈光、聲響、氣味、溫度，都會影響你的感受，帶來截然不同的印象。

❸ 互動交流（Interactions）

　　在本次事件中與你互動的對象是誰？是熟悉的對象？認識的朋友？全然的陌生人？或者是其他的機器設備以及電腦程式？

你們互動的方式為何？採取雙向或是單向溝通？你習慣主動還是被動？你最享受或是討厭的部分在哪個環節？

❹ 物品器具（Objects）

在經歷事件的過程中，你是否曾經使用過某些物品或是工具？其中有哪些物品為你帶來了獨特的經驗？（像是單車、剪刀、電腦、鋼筆）這是你第一次有這樣的感受嗎？

❺ 人員夥伴（Users）

你一人獨自經歷這次的事件嗎？身旁是否有他人參與？你對於他們的感受為何？其他的人員或是夥伴替你帶來的影響為何？

AEIOU 深入觀察法就像是一把鋒利的手術刀，你可以拿來剖析每一件日常生活中看似平凡的事件，從中發現過往未曾注意過的精彩片刻，例如：一個人專注用工具拆解物品的瞬間，或是帶領著一群同伴共同完成提案會議的成就感。

　　好時光日誌可以幫你從平凡生活裡找到自己的心動時刻，發掘出自己生命中專屬的熱情以及火花，現在就利用「AEIOU 深入觀察法」開始記錄下你的好時光吧！

好 時 光 日 誌
___ 月 ___ 日

1.

2.

3.

4.

5.

6.

7.

8.

9.

10.

設計人生心智圖

相信很多人都學過心智圖，它除了是一種好用的學習方式、一種便利的筆記方式，更是一種強大的思考方式！我們可以延續「好時光日誌」的練習，透過觀察每個事件記錄下的能量、投入以及心流指標，分別繪製出四個版本的設計人生心智圖，開始練習生命設計師的創意發想方式——

- **版本一（能量）**：從日誌裡挑出帶來最多能量的事件，繪製心智圖。
- **版本二（投入）**：找到一個自己最投入的事件，展開心智圖的聯想。
- **版本三（心流）**：選出完全處於（或是最接近）心流狀態的體驗，進行發想。
- **版本四（綜合）**：挑選出最具代表性的能量、投入、以及心流事件繪製心智圖。

設計人生心智圖

★ 使用時機：透過對日常生活的觀察結果，發想出自己理想的人生樣貌。

★ 繪製步驟：

1. 依照中央的主題事件發想繪製，心智圖至少延伸三～四層，最外圈至少列出十二個不同的內容或是概念。
2. 由最外層的詞彙中，挑選出最吸引自己目光、性質完全不同的三個詞彙。
3. 將三個詞彙組合成一個聽起來有趣、新鮮、能助人的工作。（忽略現實考量，比如能賺多少錢？有沒有出息？）
4. 嘗試在紙上畫出這個角色的夢想模樣，並且給予一個自己命名的角色稱呼。（例如：創作大叔）

　　這個練習的重點其實不在於產出正確可行的結果，而是要讓你習慣敞開心胸，開始用設計師的心態面對自己腦中的想法以及內心真實的感受。透過創意大膽組合各種元素，勇敢記錄下你所有的瘋狂點子吧！

練習 設計人生心智圖

　　利用「好時光日誌」的觀察紀錄，分別繪製四個版本（能量、投入、心流、綜合）的設計人生心智圖，找出自己理想的人生樣貌。開始練習生命設計師的創意發想吧！

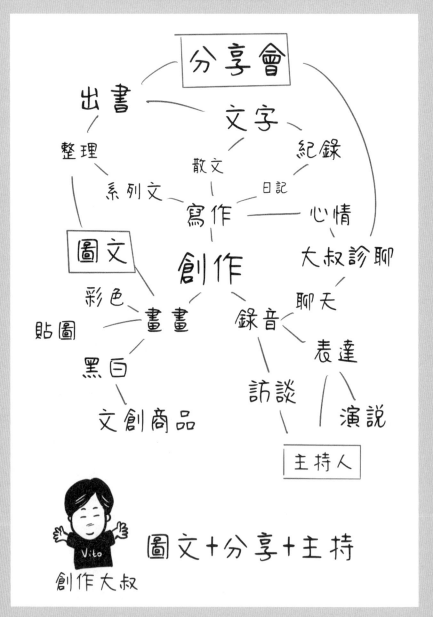

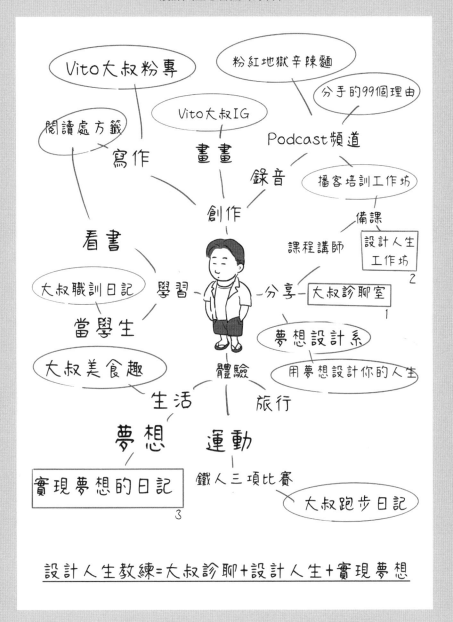

設計人生教練=大叔診聊+設計人生+實現夢想

找不出答案？

設計人生是採用設計思考作為工具，用來解決人生中所遇到的「困境」以及「難題」的一種方法。

在人生的旅程中，你我都時常不小心落入陷阱，浪費寶貴的時間與精力在處理無效的問題上頭——這其中包含了「工程問題」、「重力問題」、以及「船錨問題」這三種常見的干擾。

生命設計師必須不斷透過「重擬問題」，讓自己專注在有效的「設計問題」之中，如此一來才能順利找到答案，打造出夢寐以求的人生。如果你總是浪費大量的時間在解決錯誤的問題，那就會像是在滾輪上奔跑的倉鼠一樣，永遠都沒有辦法逃出生命的困境。

唯有問對了問題，才能找出答案。接下來，讓我們一起學會如何有效辨識出這三種無效的問題。

工程問題

就如同「設計師」與「工程師」是兩種不同的專業，「設計問題」與「工程問題」也是截然不同的兩件事情。設計師全心專注在解決問題，而工程師致力於改善問題，兩者之間

採用的思維以及方法有著很大的差異。

古代的羅馬人設計、建造出了水壩，它們具有控制洪水、創造水源和保護土壤的三重目的，有效解決了很多當時人類面臨的居住安全以及農業耕種問題，是一件非常偉大的設計作品。

隨著科技日新月異，現代的人類不斷建造出更大、更堅固、更耐用的水壩，甚至還加上了水力發電的新功能。但在本質上，它們依舊是相同的一種設計，都是非常厲害的工程作品。

中國著名的三峽大壩是目前全世界最大的一座水壩，雖然有效解決了千年以來長江中下游城市的水患問題，但卻也就此淹沒了許多水壩內珍貴的歷史遺跡，同時對當地的生態造成了巨大的影響，並引發了諸多擔心日後潰堤的隱憂。

如果只是專注在「如何改善水壩的安全問題」，這就只是單純的工程問題；但思考「該如何透過另一種方式來取代水壩的功能」，才是屬於真正的設計問題。

身為一位生命設計師，你必須專注於**解決真正的設計問題**，因為唯有如此，才能徹底擺脫束縛，從此改變自己未來的人生。

重力問題

重力問題（Gravity Problem）指的是既定的事實、無法對之採取任何行動，也無法改變的一種問題。就如同字面上的意思，生活在地球上的我們，無時無刻都得受到地心引力的影響，直到你搭上火箭飛離大氣層進入了外太空為止。

如果你把重力問題當成了想要解決的問題，往往只會撞得頭破血流，卻沒有任何改變，例如：「我真的好討厭自己的主管，對他的管理方式簡直無法忍受，每天上班都覺得痛苦不堪，到底要如何才能成功改變他呢？」這就是一種最常見的重力問題。

然而面對重力問題，你首先必須接受「這是無法改變的事實」，接著再透過重擬問題，重新提出另一個有效的問題，譬如：「我該如何調整自己的態度，才能改善與主管之間的相處模式，讓彼此上班時的氛圍變得更加融洽？」

讓人深感無力的重力問題就像是鑽牛角尖一樣，總會讓你深陷其中無法自拔，**最好的方式就是聰明地繞道而行**，讓自己再也不受它們的干擾以及影響。

船錨問題

在每個人的腦中，都存在著一些根深蒂固的想法，那些

堅定的信念就像是根堅固的船錨一樣，緊緊地把我們固定在意識的海床上頭，無論思緒的風浪再大，都難以讓你脫離此刻心中的想法以及念頭。

船錨問題（Anchor Problem）指的是太快跳進一個解決方案，深信不疑這是唯一的解決方案，並且拒絕任何其他可能的方案。

船錨問題的本質跟經濟學中的「沉沒成本」（Sunk Cost）很像──儘管我們明知道眼前的方案不可行，但卻因為不肯放棄之前已投資的成本，或是害怕換了方案依然失敗，所以更加緊抓住唯一的解法不放。

面對船錨問題，生命設計師會**抱持著開放的心態，退一步檢視自己的偏見**，藉由打造原型的方式來嘗試各種可能的新方案，不斷在失敗裡前進，漸漸把問題**聚焦到真正能被解決的方案之中**。

你想解決的問題 ≠ 你真正該解決的問題

無論是人生卡關的時刻，或是在設計人生的任何時候，都要時刻提醒自己──專注於有效的「設計問題」，才能順利找到解決問題的答案，打造出屬於自己的人生！

寫給 30 歲的自己

　　回想起自己剛畢業、初入社會的時候，除了什麼都不懂，更是什麼也不會；然而好不容易熬過了職場新鮮人的學習歷程，終於成為了一位小主管之後，卻開始對於眼前的一切產生了懷疑。

　　每天上班的時候，我總會望著努力工作的前輩們，在心中想像著自己未來即將要成為的模樣。或許再過十年、二十年，我也有可能爬上人人稱羨的位置，領著比現在多很多的薪水，但工作的時間也會越來越長，就跟那些天天以辦公室為家的主管們一樣。

　　我的每一天，除了工作之外，還有其他的可能性嗎？

　　在三十歲那年，我跟公司提出了留職停薪的申請，一個人背著簡單的行囊出發到澳洲雪梨，展開了一場長達一百天的探索。在那段時間裡，我認識了許多來自世界各地的新朋友，也第一次體驗到不同文化與環境帶給彼此的衝擊，然而在旅行結束，返回了台灣之後，我依舊對於未來的人生感到迷惘⋯⋯。

　　旅行很美好，但解決不了我的問題。設計人生的探索工具雖然簡單，卻幫助我找到了許多有用的答案。如果能夠在

年輕的時候早點學會這套方法，自己現在的人生應該會大不相同吧，我想。

不過人生就是這樣，要不是繞了這麼大一圈，我應該也不會做好準備，老師跟答案更不會在這個時刻出現。

透過設計人生的工具，正在閱讀本書的你一定也能為自己選擇另一條不同的路徑，就從此時此刻開始，重新規劃找出想要做的事情，正式啟動你的設計人生計畫。

跨出舒適圈，擔任 Podcast 節目主持人

人生裡有很多意外的插曲，成為播客（Podcaster）更是我這輩子未曾想過的一件事情。一開始會有這個念頭是因為當時連續有好多位朋友跟我說：「你聲音挺好聽的，應該可以嘗試開個最近流行的 Podcast 頻道！」

在接收到宇宙派不同人捎來的相同訊息後，我仔細思考了一下，因為自己擔任過業務工作，講話對於我來說應該會比寫作容易一些（但後來發現其實並沒有），於是我開始準備起了自己的個人頻道。

接下來的日子裡，我把握住每一次受邀專訪的機會，無論是上廣播節目、Podcast、直播、Youtube 錄影，或是在Clubhouse 的聊天室裡，我除了拚了命地練習說話，更捉緊機

會盯著主持人的一舉一動、認真觀摩他們的訪問技巧以及表達方式。

這個目標對我來說既動心、夠恐懼、又持續，完完全全符合夢想的三個特徵，於是在經過了好長一段時間的猶豫及考慮之後，我決定先採用設計人生的心態以及方法嘗試看看，率先在自己的臉書跟粉專上公開招募合作經營 Podcast 的搭擋。

在大聲向全世界宣告夢想之後，我順利收到了超多熱情的回應，其中大部分都是我不認識的新朋友。這件事帶給了我很大的鼓勵，也讓我第一次親身感受到「吸引力法則」神奇的力量！

經過了兩個月左右的籌備，我跟主持搭擋品希合作的第一個 Podcast 頻道「粉紅地獄辛辣麵」終於在二〇二一年十月十八日首播，至今為止已經採訪了超過一百位來賓，見證了一百多種獨一無二的精彩人生版本。

如果有一天，我能夠回到過去採訪三十歲時的自己，我一定會對著自己說：「別擔心、別焦慮、別害怕，未來的我們將會發生很多精彩的事情，我們的人生充滿了無限的可能性，好好享受從現在開始的每一天吧！」

找出當下你真正想要做的事情，然後把所有的精力都用在上面，這就是創造幸福人生最大的秘訣！

「粉紅地獄辛辣麵」

最大的收穫

經常有朋友私下偷偷問我：「經營 Podcast 頻道真的能夠賺到錢嗎？」

我總會大聲肯定地回答：「絕對可以的，但除了錢之外，你還會得到更多的收穫！」

成為播客，究竟能夠得到什麼收穫呢？

大部分的人想經營 Podcast 頻道（其實成立粉絲專頁、Youtube 也是一樣）不外乎兩個最主要的目的──想要「賺錢」、想要「出名」。但對於我來說，想要成為播客的主要原因，除了希望嘗試看看自己除了「寫作」之外，是否還能夠透過「口語」進行創作，也想要透過主持節目的過程，訓練並提升自己的溝通表達能力。

如果大家回頭聽「粉紅地獄辛辣麵」第一季的節目內容，一定會發現我主持得實在很糟糕，不但常常會接不上話、不小心冷場，也老是反應慢半拍不知道要問什麼才好。坦白說，那時大部分都是靠美麗的搭擋品希女神獨挑大樑

Hold 住全場的。

一直到現在，每一集錄好的節目我都會至少反覆聽過十遍以上，不是為了灌水收聽率，而是想透過不斷聆聽反省的過程，找出下一集自己可以進行修正改進的地方。

在不斷累積超過一百個小時的錄音之後，我終於開始可以侃侃而談、順利說出心裡想要表達的感受。於是不知不覺中也培養出了自己「靠嘴」工作的第二專長，除了可以更加從容面對各式各樣的邀約、採訪、錄音、錄影，也幫助我慢慢成為了一位課程講師，甚至開始擔任活動主持人。

成為播客替自己帶來了更多不同的機會，也創造出更大的影響力。而透過主持節目獲得的「口語表達溝通能力」更是我最大的一個收穫！

最主要的收穫

自從以斜槓作家出道以來，在日復一日的文字創作輸出之下，自己早就面臨到了靈感入不敷出的窘境（Input < Output），常常會有種油盡燈枯、已經再也寫不出任何東西的感受……。

所以我開始提醒自己，除了要用心生活、創造新的體驗，持續閱讀學習增加新的知識，更要在每一位不同來賓的

身上獲得珍貴的啟發以及收穫。

很多人都問過我，究竟是如何找到這麼多優秀的來賓採訪？其實就連我自己都常會覺得不可思議。坦白說剛開始成立頻道沒沒無聞的時候，根本就找不到人來上節目，我們只能硬著頭皮從自己身邊的親朋好友們開始邀約起，好不容易才踏出尷尬的第一步。

後來有越來越多的新朋友開始願意給我們機會，在凡事只有累積、沒有奇蹟的時間複利之下，節目終於慢慢步上了軌道。感覺上帝伸出了一隻隱形的手，默默推動著我們不停向前邁進，這個頻道就這樣順利經營到了今天。

對我來說，每一位來到節目的來賓都是上天安排給我的老師，他們透過一集又一集節目的分享，教會了我一堂又一堂珍貴的貼身學習課程。除此之外，也讓我有機會能夠擴展自己的視野以及人脈圈，結識越來越多各行各業的大神以及先進們。

能夠持續每週，與在各別領域表現非凡的來賓們進行深度交流和學習，是我成為播客最主要的一個收穫！

最意外的收穫

努力到現在，錄製 Podcast 節目雖然還沒替我們帶來營收

（歡迎各大品牌找我們業配代言或是內容置入，歡迎來信洽談），但真的非常感謝每一位曾經以小額捐款方式，支持我們節目的忠實聽眾朋友們。

好不容易，跟第一季剛開始寥寥無幾的收聽人數相比，第二季跟第三季的節目收聽率終於呈現了穩定的成長，就像是跑步時熬過了最初的熱身階段，感覺全身的肌肉開始進入了狀況，終於準備好要衝刺前進那般！

錄製每一集 Podcast 節目的過程，從來賓的邀約、事前的訪談、現場的錄音，到節目最後的後製上架以及宣傳，都替自己帶來了持續學習成長與改變的機會。

當節目正式上架在各大平台播出的那一瞬間，那種無與倫比的成就感與驕傲，是跟獨自一個人寫完一篇文章或是畫完一幅畫截然不同的喜悅感受。

你會有種想不自覺握拳大聲喊出「Yes！」的衝動跟渴望，接著也在心裡頭恭喜自己，在這個世界上又留下了一集被聆聽分享的作品。

製作 Podcast 節目至今，我最意外的收穫不是收入也不是名氣，而是這份發自內心最單純的「快樂」！

我要怎麼做？

古人說三十而立、四十而不惑。可偏偏自己的四十歲卻是人生中最困惑的階段，在創業失敗後重回職場，一次次重新歸零，從最基層重頭幹起……。

當時的我很想要逆轉自己的人生，可是卻遍尋不著對的方向與好的方法，究竟要怎麼做才能辦到呢？

永遠都不夠好？

不知你是否有過這樣的感觸——幸與不幸，往往都是比較出來的結果。

幸福在絕大部分的時候，是屬於一種「質化」的絕對值，但往往在關鍵時刻，又會突然間變成了另一類「量化」的比較值。問題是，當下的自己，究竟是幸？還是不幸呢？

有一個大家都聽過的〈塞翁失馬，焉知非福〉成語故事，內容大概是這樣的——

從前在邊塞地方有個村子，村子裡有位被稱為塞翁的老人家，不但見識廣博且胸襟開闊，對事坦然、不愛與人計較。

有一天，塞翁家走失一匹品種優良的白馬，鄰居們紛紛

前來安慰，但塞翁卻毫不介意。他輕鬆地說：「丟了一匹馬不見得是壞事，說不定還是件好事呢！」

幾天後，走失的那匹白馬不但自己跑回來，還領著一匹胡人的駿馬歸來。鄰居們聽見這消息後都紛紛前來道賀。可是塞翁卻一臉嚴肅地說：「先別高興得太早，這件事說不定會帶來日後的災禍呢！」

幾個月後，塞翁的兒子騎著那匹胡馬去打獵，不小心從馬背上摔了下來跌斷了腿，鄰人們又前來安慰，可是塞翁卻一點也不難過。他溫柔地看了看兒子，然後說：「世界上所有的事情往往是出乎人們意料之外的，這件事看起來是個災禍，但未來究竟是福還是禍，這可就難說了！」

一年後，北邊的胡人率領著大隊人馬南下入侵。村子裡的年輕人們全都被徵召入伍作戰，大多數的人都在這場戰役中壯烈犧牲，而塞翁的兒子卻因為斷了一條腿免除兵役，保全了一條性命。

每次只要重讀這個故事，我都會有種「人生別太計較」的感受，尤其是在寫完《倒數60天職場生存日記》之後，對於生命中的「福禍相倚」除了有更深一層的體悟與感觸，也常常會藉由一起事件，不由自主地思考起「幸或不幸」的大

哉問。

雖然對於後來發生的許多事情，我依舊充滿了疑惑以及不解，但唯一肯定的是，自己能做的唯有臣服當下的每一個安排，先試著從其中看見價值，再慢慢理解上天送來的這一份禮物。

就跟故事裡的塞翁一樣，他先是丟了一匹馬，後來經歷了好多事，又過了好多年之後，才終於明白原來他撿回了一個兒子。類似的真實事件接連不斷地在你我的人生中上演著，唯一差別的是，你有沒有智慧去理解並且接受罷了。

幸與不幸，除了都是比較出來的；更需要一段時間的堆疊之後，才能驗證最後的結果。

轉換比較的心態，因為此刻已是最好的版本

我在讀高中時，幸運擁有了人生中第一台摩托車，當時除了覺得突然間擁有了全天下的幸福，也感受到自己的小小世界突然變得寬廣起來。

還記得那是一台山葉的 50cc 凌風速克達，我挑選了自己最喜歡的紅白配色，就像對待全天下最珍貴的寶物一般，每天都小心翼翼地呵護著它，深怕一個不小心，就刮傷它閃亮動人的烤漆。

剛牽到車的那段期間，只要一有空我就會騎車出門馴車（新車一千公里的磨合期），一個人慢慢從台北的新莊騎河濱旁的道路到三峽，然後再小心翼翼地原路折返騎回家。雖然時速總不超過五十公里，但對於年輕的我來說，已經是比騎單車快兩、三倍的驚人速度。

　　在那個還沒有規定騎車要戴上安全帽的年代，我永遠記得當時風吹撫在自己臉上，心中燃起了一股猶如「I am the King of the World」般的豪情壯志（當時鐵達尼號電影都還沒問市呢）！

　　但好景不常，自從參與了一次班上同學主辦的校外機車聯誼之後，我那滿滿的幸福感受，就瞬間消失不見了。

　　聯誼當天，轟隆隆的排氣聲不絕於耳，現場來了超過十部各式各樣不同廠牌款式的機車，當時最流行的 FZR 150、名流 150、追風 135、名流 100 通通到齊，猶如一場華麗的新車大展。

　　在抽完鑰匙上路之後，我瞬間變成了出遊隊伍裡頭最不起眼、也跑得最慢的一部機車，就算當時已經拚了命把油門催到底，卻依舊跟不上其他人的速度。更慘的是自己小小的機車還開始冒起了一陣超大超臭的白煙，真的是超級尷尬。

　　那次聯誼之後，我開始嫌棄自己那部跑不快的小機車，

同時也物色起了更大、更快、更炫的重型機車。在之後的人生裡，我不斷地追求「更好」的版本，三十年過去了，雖然機車越換越大，越買越好，但卻始終沒有真正滿足的一天。

隨著大型重機開放進口，我立刻把已經到頂的白牌速克達換成了黃牌大型重機，但騎了一陣子後，又開始肖想起紅牌的仿賽跑車。

那時的我就像是一隻在滾輪上不斷奔跑前進的老鼠一樣，竭盡全力追逐著心中的夢想，卻始終離不開那個困住自己的小小牢籠。

直到有一天我終於發現「**其實自己目前擁有的，已是人生此刻最好的版本**」。於是，我把重機賣了，換成了現在的 GOGORO 電動機車，每天騎著它接送兒子上下課。它雖然看起來一點都不帥，也沒有聽起來很厲害的排氣聲浪，但椅子卻很大很好坐，是我這輩子騎過最舒服、也最適合自己的一部機車。

接受夠好的今天，選擇更好的明天

透過塞翁失馬以及自己的機車故事，我想跟你分享的是在「設計人生」裡超級重要的一個基本觀念，就是「你已經夠好了」！

雖然追求更好是人類的天性（也是使命），但那並不代表你得否定眼前所有的一切。如果你成天都在想著更多、更好、更有錢、更有成就，或是更快樂，那麼有很大的機會，你將會過得更不快樂。

只有當你停止了跟別人的比較，也停下了對自己的批判後，才能夠讓自己回歸到一個追求幸福的起跑點。

一個心中帶著不滿的人，就像是背負著沉重行囊前進的旅者一樣，「不夠好」的心態將大大阻礙你前進的腳步，並且影響你一路上的好心情。

你已經夠好了

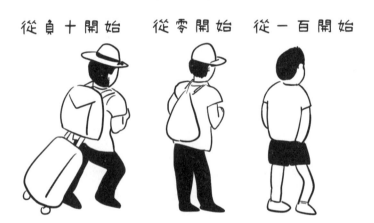

從負十開始　　從零開始　　從一百開始

而擁有「目前夠好」的心態，將開啟你真正成長與改變的可能性，當目標不再是為了面子、掌聲、別人羨慕的眼神以及與他人比較時，你才能踏上一條真正屬於自己的成長改變之路。

接受自己、停止與他人比較、專注在內心的感受，如此才能夠成為一位真正的「生命設計師」，透過全新的觀點開始設計出屬於自己的人生，並且創造出更好的明天。

千萬記住，你已經夠好了，真的！

人生儀表板

很多人開車時只專心看路，從來都不曾低頭注意儀表板，所以常常會不小心超速、開到沒油，甚至水溫過高拋錨在路邊……。

在現實生活中，通常越是複雜的機器設備，就會搭載越多的儀表系統，好讓操作者能夠即時掌握運轉的狀況。例如：飛機的駕駛艙裡頭，就塞滿了各式各樣讓你眼花撩亂的專業儀表板。

回到我們的身上，為了有效地覺察此時此刻的身心狀態，每個人都應該安裝好一套屬於自己的「人生儀表板」。

衡量人生的指標

你認為衡量人生的重要指標有哪些呢？

一九九六年喬治亞理工學院的畢業典禮上，可口可樂的前執行長布萊恩・戴森（Brian Dyson）曾經這樣說過：

「想像人生是一場拋著五顆球的遊戲，這五個球分別代表著工作、家庭、健康、朋友以及心靈，而你必須想辦法不讓任何一顆球掉到地上。你很快會發現，工作其實是一個橡皮球，如果它掉下來，會彈回去。但其他的四個球都是玻璃做的，如果失手，它們有無法挽回的刻痕、損壞，甚至破碎，將永遠沒法恢復原本的模樣。」

每個人對於這五顆球的定義以及看法或許會有些不同，在生命設計師的眼裡，一共有四個衡量人生最重要的觀察指標，它們分別是：健康、工作、遊戲以及愛。

❶ 健康

你一定會同意健康是人生首要之務，然而要評估一個人是否健康？必須要同時涵蓋「身、心、靈」三個不同的面相，除了要身體健康之外，心理健康以及情緒健康同樣都是不可或缺的重要表現。

如果用智慧型手機來當做比喻的話，身體就代表著硬體

規格，心理就等同於軟體介面，而情緒就是使用者操作的方式。這三個最重要的組合缺一不可，必須完美搭配，才能發揮出最強大的效能！

❷ 工作

這邊的工作泛指每個人在社會群體中「做」的事情、投入的行為，以及擔任的角色。包含了有償以及無償的、自願性或是非志願性的、責任制或是義務性的。包含但不僅限於你我認知上賴以賺錢謀生的各種職業項目。

隨著不同人生階段的進展，每個人都會陸續投入不同類型的工作，像是：學生、上班族、家庭主婦，或是社會志工。在現今的時代趨勢下，大多數的人通常同時從事一種以上的工作。

❸ 遊戲

只要是單純為了「樂趣」而從事的行為，就叫做遊戲。你可以延伸稱為個人的興趣、嗜好、那些毫無理由會讓自己覺得開心的事情，都是屬於你的遊戲。

遊戲單純就只是遊戲而已，無關勝負輸贏，除了不需要努力跟進步，更和目標與成長無關。

請問問自己，你已經有多久的時間，沒有好好玩一場遊戲了呢？

❹ 愛

無論是與一般的同事朋友、親屬家人、親密伴侶之間的關係，都歸類在愛的範圍之內。愛的形式千變萬化，不過通常都跟「人」與「連結」有關。當然，如果你把自己心愛的寵物也視為人一般看待，那也十分符合這個項目。

愛是一種各自表述的東西，愛可以包含各種形式以及方法，只要是你真切感受到的，都可以稱之為愛。

❺ 其他

除了上述的「健康、工作、遊戲、愛」這四項指標之外，如果你有個人認為超級重要，足以衡量人生價值以及意義的項目指標，也可以單獨拉出來添加進自己的儀表板內。譬如像是「金錢」、「成就感」或是「環保」之類的……。

為了讓儀表板盡可能地簡單並且容易判讀，我個人建議觀察的指標項目至多不超過五項。別忘了過程中你還得專心開車，而不是拚了命費神地盯著儀表板。

透過人生儀表板上自行定義的這些基本指標項目，讓我們開始檢視自己此刻的人生狀態吧！

人生儀表板

★ 使用時機：當你覺得此刻的人生過得一團混亂，想要找

出可能的問題點時。

★ 使用方法：透過人生儀表板上的各項指標，分別評估自己此刻的狀態。

★ 使用步驟：由最上方的健康指標（最重要的）開始填起，依序向下完成遊戲、工作、愛，以及自行定義的項目，依照主觀感受自行給予個別的評分（由零到滿格）。

就像每次健康檢查後會收到的體檢報告，在發現問題後，你可以透過追蹤特定的項目數據，觀察自己的血壓、體重，或是三酸甘油酯的變化，來衡量當時的身體健康指數。

你可以將「人生儀表板」影印裁切成很多的小紙張，對應貼在第108頁練習「WayFindingMap」的每一季時間軸上，用以檢視自己這兩年來的人生狀態變化，同時思考以下幾個問題──

一、**此刻的自己**，對於現在的人生滿意嗎？目前的生活品質如何？有沒有已經接近零格沒電的項目？

二、**過去的自己**，是如何度過當時的人生的？自己曾經做過哪些事情？改變了哪些項目？

三、**未來的自己**，想要調整哪些項目？有沒有想要變動的指標？有沒有想要解決的問題？

練習 人生儀表板

想要找出混亂生活中的問題點時，請檢視你此刻的人生儀表板，藉由覺察你人生中最重要的五項指標之電力狀態，看看究竟是哪裡出了狀況。

接著，在此刻自己的人生儀表板的每個項目旁，寫下幾句話，描述自己的狀況，以及覺察到的一切。

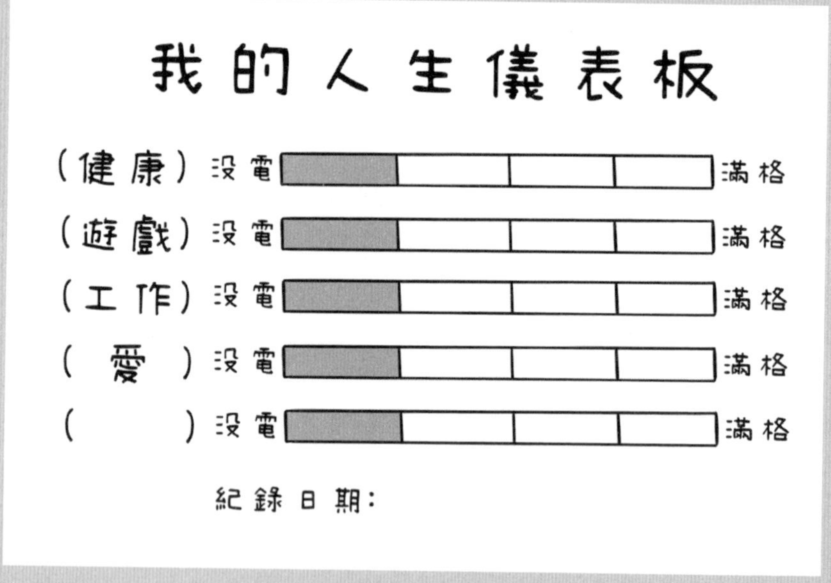
我的人生儀表板
（健康）沒電 滿格
（遊戲）沒電 滿格
（工作）沒電 滿格
（ 愛 ）沒電 滿格
（ ）沒電 滿格
紀錄日期：

我的人生儀表板發現與覺察

(健康) 沒電 ▨▨□□□ 滿格 _____

(遊戲) 沒電 ▨▨□□□ 滿格 _____

(工作) 沒電 ▨▨□□□ 滿格 _____

(愛) 沒電 ▨▨□□□ 滿格 _____

(　　) 沒電 ▨▨□□□ 滿格 _____

紀錄日期：

我的狀況

失敗了怎麼辦？

回想自己剛開始匿名在網路上成立粉專發表日記的時候，當我第一次收到出版社邀約出書的那個瞬間，心裡頭頓時湧現出了各種既糾結又矛盾的感受，像是：

「天阿！這是真的嗎？」（開心）

「媽呀！這該不會是詐騙吧？」（懷疑）

「馬的！這下子不就得曝光了啦？」（擔心）

「哎呀！這樣的內容真的會有人想買來看嗎？」（害怕）

當時的我，儘管好不容易得到了一些支持與肯定，但同時也感受到越來越大的壓力，開始感覺有點喘不過氣⋯⋯。

每天早上五點只要鬧鐘一響，不管前一天再累再晚睡，我都會逼著自己起床寫當天要發表的日記。等到七點半時間一到，我就送寶貝兒子上學，邊騎機車邊想著剛才寫的內容該如何收尾。回到家後立刻把文章完成，傳給我的經紀人好友檢查後，換裝出門上班。

這樣分秒必爭的日子我過了整整兩個月，足足六十天，無論颱風下雨生病放假，每天早上十點一到，每位讀者都可以準時在「倒數 60 天職場生存日記」粉專裡（後來改名為

「Vito 大叔」）看到當天最新發表的日記。

　　許多人問過我，當初寫日記時心裡到底想的是什麼？為什麼會有這麼大的熱情堅持到最後？

　　坦白說，我當時一心只想著「成功」，我想要寫出一個反敗為勝的故事，記錄下自己扭轉劣勢、完成任務的真實經過。殊不知在命運無情的安排之下，我終究還是失敗了，而且是在倒數第二十八天的凌晨三點，就接到了老闆決定讓我離開公司的通知。

倒數 28 天的日記

失敗的遺憾，就是成功的養分

　　正在看這本書的你，這輩子曾經遭遇過多少次失敗的經驗呢？

　　老一輩的人常霸氣地說：「我吃過的鹽，比你吃過的米還多！」仔細回想過往的人生，我的失敗經驗還真的比很多人還多。無論是在人際、健康、學業、愛情、工作、創業，甚至婚姻，如此跌跌撞撞地走過大半輩子之後，好不容易才累積出一些關於失敗的智慧。

　　隨著年紀漸長，自己也慢慢變成了很多人眼中的長輩之

後，我開始對於失敗，有了不同的體會以及看法。

失敗的過程很痛，但卻是種有益身心的刺激；失敗所累積的遺憾，更替成功帶來了養分。

小時候我印象最深刻的一些課外讀物，大部分都是關於偉人的成功故事，像是《愛迪生傳》、《居里夫人傳》等等。當時閱讀的重點都聚焦在他們的偉大發明，以及對於世界的貢獻，進而萌生了「長大後，我也要成為像他們一樣有用的人！」這樣的天真念頭。

但後來重讀那些故事，才發現自己完全劃錯了重點，書裡頭明明寫滿了許多不斷失敗、鍥而不捨的辛苦過程，而我卻只關注在最後的成功結果而已。仔細看看自己身旁那些功成名就的強者朋友們，你是不是也總是羨慕他們擁有的財富、身分、地位以及美好的生活，卻從不明白他們背後付出的所有努力與代價呢？

事實的真相是，每一位擁有非凡成就的人們，背後一定充滿了許多不為人知的辛酸與苦澀。而這，也是我在自己的Podcast頻道「粉紅地獄辛辣麵」中貼身採訪了超過一百位來賓之後，歸納總結出的最大心得與收穫。

在每一次成功的背後，都隱藏著無數次的失敗、學習以及成長歷程。

我沒有失敗，只是還走在通往成功的路上

在幸運出書之後，由於疫情的緣故，當時還默默無聞的我並未舉辦任何一場公開的新書發表活動，只在同窗好友們的熱情邀請下，分別與研究所的學長姐、職訓課的同班同學，以及大學的老同學們舉辦了幾場小型的私人簽書會。如今回想起來，心中依舊充滿了暖暖的感動。

而我第一次參加的公開活動，是一場名為「XFail 失敗者小聚」的分享講座，這是一個源自美國，透過講者分享自己的失敗經驗，一起向失敗學習成功的系列活動。

還記得當初收到策展人琼瑋的邀請時，心裡頭先是嘀咕了一聲「靠！」接著開始覺得有點難過。沒想到在別人眼中，我竟然是象徵「失敗」的代表性人物……。

但後來在準備的過程中，我驚訝地發現自己錯了！因為許多知名的公眾人物，都曾經參加過這個系列的活動，而每一位分享者的失敗故事，都會讓你有種「哇賽，跟人家的失敗比起來，我的失敗根本不算什麼啊！」的深刻感觸。

在這場活動中，我分享了自己過往在職場中幾次砍掉重練的重大挫折，也替失敗下了幾個心得註解，像是：

「決定再也不做了，才叫做失敗！」

「決心繼續做下去，就只是搞砸而已！」

「傷口會結痂、傷心會遺忘。」
「跟命運低頭，向挫折學習。」

那次活動結束後，我第一次感覺到：「自己其實並沒有失敗，我只是還走在通往成功的路上」。

XFail 失敗者小聚

快速失敗，在失敗中前進

在「設計人生」中，「失敗」是個遠遠比「成功」更加重要的觀念以及元素。

很多人都會擔心失敗，甚至害怕失敗。但事實上，唯有透過失敗的真實體驗，你才有機會發現，並且修正自己的作法以及目標。

就像我們在打《超級瑪利歐》電玩時，遊戲中一定會遭遇到不同難關的挑戰。在剛開始還不熟練操作技巧的時候，面臨的敵人通常都是弱弱的，但隨著遊戲的進行，難度不斷地提升後，就會遭遇到各式各樣「卡關」的阻礙。

而想要破關的唯一方法，唯有透過不斷重複地挑戰、累積一次又一次失敗的經驗、拚了命地找出過關的方法。每當玩累了就休息一下，等休息夠了再繼續重來一次。只要能夠

每次再往前一些、再推進一步，不知不覺中，你一定會發現自己變得越來越厲害，也越來越不怕失敗！

想像一下，如果一個遊戲每次玩都能夠輕鬆地破關，你還會覺得它有趣嗎？

我們的人生，其實就像是一場無限的生命遊戲一樣！在這一場大型的實境秀裡，每個人除了要擔任自己遊戲裡的主角，也同時扮演著別人遊戲中的配角。遊戲一開始雖然有規則，但有意識的玩家們卻可以靠著自己的力量，在遊戲的過程中透過失敗的經驗，創造出與原始設定截然不同的過程以及結果。

在「設計人生」的過程中，這就是「失敗」為我們帶來的神奇能力。

失敗除了是一個禮物，更是一種祝福！

你，準備好擁抱失敗了嗎？

奧德賽計畫

如果你是一個喜歡打電玩的人，一定會對「奧德賽」（Odyssey）這個名詞感到熟悉。無論是任天堂 Switch 的《超

級瑪利歐奧德賽》或是經典的《刺客教條：奧德賽》動作遊戲，都不約而同透過了「奧德賽」一詞，隱喻出一段偉大、艱難、不可思議的冒險之旅。

在設計人生裡，每個人都可以大膽提出屬於自己的三種奧德賽計畫，它就像是三個版本的多重宇宙一樣，你可以透過這個練習，盡情地在自己腦中展開一場充滿了想像力的奇幻旅程！

PLAN A：你現在正在走的路

這是一個最容易完成的版本，只要延續此刻的規劃與發展，照著眼前展開的道路繼續前進下去即可。想想看在一切順利的狀況下，你將能夠擁有怎樣的人生呢？

PLAN B：如果事情生變的計畫

這是一個最難想像的版本，天有不測風雲、人有旦夕禍福。如果你突然遭遇了一些意外的變故，逼得你不得不放棄現有的人生規畫、完全離開現在的這份工作，你將會在生活中做出什麼改變？改從事怎樣的職業謀生？或者還是有其他的路可以選擇？

PLAN C：如果沒有任何的限制

　　這是一個最讓人出乎意料的版本，如果有一天，你能夠全心全意投入想做的那些事情，不用擔心收入養不養得活自己、也不必在乎別人的指指點點。你會如何為自己規劃接下來的計畫以及目標呢？

奧德賽計畫

★ 使用時機：想要預測並且決定下一步該怎麼進行時

★ 使用方法：找三張白紙或是海報，按照下一頁圖片格式
　　畫出內容，並且依使用步驟完成。

★ 使用步驟：定義日期→填寫事件→想像發展→決定名稱
　　→填寫問題→評估指標→覺察感受

　　詳細使用步驟說明如下──

　　❶ 定義日期：在時間軸上由左至右，依序填上從今年開始共計五年的時間年分。

　　❷ 填寫事件：在內容裡填上你此刻關注的重要事件，可以參考 Wayfinding Map 練習中的結果，或是透過人生儀表板上的分類方式，分別列出不同的內容項目。

　　❸ 想像發展：依照前述三種不同的情境，分別想像並且

我的奧德賽計畫

計畫名稱：_____

問題一：_____

問題二：_____

問題三：_____

（資源　低——高　喜歡　低——高）
（自信　低——高　一致性　低——高）

繪製出重要事件在未來五年間可能的發展，並且透過時間軸連結彼此間有關聯的重要事件。

❹ 決定名稱：依照這份計畫的內容，取個你覺得最符合計畫的名字，記錄在右下方的計畫名稱欄位裡頭。

❺ 填寫問題：關於這份計畫所列出的內容，在自己的心中是否有想到哪些問題呢？誠實地寫下三個最主要的擔心或是疑慮。

❻ 評估指標：在最下方的儀表板上，透過量化指標分別評估、記錄下自己對於這份計畫的看法。

- 資源（你是否擁有執行這個計畫的資源，例如：金錢、時間、技能，或是關鍵人脈？）
- 喜歡程度（你有多麼喜歡這個計畫？是迫不及待想要展開？還是其實沒有太多的感覺？）
- 自信程度（你有信心執行這個計畫嗎？是充滿了興奮與期待？還是只感受到恐懼及害怕？）
- 一致性（這個計畫跟自己在之前練習中列出的人生觀與工作觀相符嗎？是否有達到一致性？）

❼ 覺察感受：觀察這三個計畫之間的關係，其中是否擁有共同的項目？留意自己在練習過程中的覺察與感受。

舉例來說，我在做自己的奧德賽 PLAN B 計畫（實在負責的人生）時發現，如果因為找不到工作，選擇晚上到便利超商打工，白天繼續認真創作的生活，其實會讓自己過得很不開心。所以就此打消了這個曾經在心中考量已久的念頭。

而另外一個 PLAN C 的計畫（美夢成真的人生）則讓我意識到，原來自己心中對於未來有很多的渴望，自己之所以不敢展開行動，是因為放棄不了眼前安逸的生活以及早已習慣的人生。

我的奧德賽計畫（Plan B：如果計畫生變）

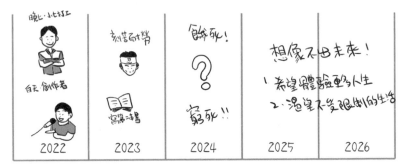

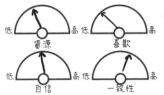

計畫名稱：實在負責的人生

問題一：小七的工作會開心嗎？

問題二：我的生活過的下去嗎？

問題三：這樣的型態能維持多久？

　　在做完這個練習的瞬間，我全身顫抖地決定要改變未來，不再讓自己繼續活在對生活的恐懼當中。在課程結束後不久，我主動辭去了才剛進入狀況的約聘顧問工作，做出再次離開職場的選擇，正式開始成為了一位為自己而活的自由工作者。

打造原型的三個方式

透過奧德賽計畫的練習，相信你已經發現了一些不同的人生可能性。但請先別急著動手去做。因為在衝動 All In 之前，你其實還能擁有更好的執行方法。

在之前的章節裡已經分享過，你可以選擇**透過最少的時間與成本，搶先體驗自己打造出的生命原型**——這才是既聰明又省力的最佳執行策略！

就像是新建案的預售屋一樣，建商會在房屋蓋好之前就透過等比例縮小的建案模型，以及 1:1 模擬的實際空間，讓上門參觀的顧客體驗置身在屋子裡頭的親身感受。無論是行走的動線、各個房間的大小、公共空間的配置，都可以讓你一目瞭然，遠勝過紙上談兵式的口語介紹。

在設計人生的過程中，生命設計師通常會透過「原型對話」、「原型體驗」以及「設計腦力激盪」這三種聰明的方式嘗試探索，慢慢打造出自己專屬的生命原型。

方式一‧原型對話（訪談）

這是最輕鬆、最簡單、也最容易執行的一種方式，我強烈建議你一定要好好學會這個超級有效的好方法！

你可以透過自己參與的社群網絡，找到那些正在過著你渴望中人生的人，詢問他們是否願意花點時間回答你提出的問題，用心去聆聽他們的故事，透過他們的回答來驗證自己想像的是否正確？

請問你的一天是怎麼度過的？

請問你是如何開始這件事情的？

請問你對此刻的生活感到滿意嗎？

請問你可以給我一些建議嗎？

相信我，大部分的人都會很樂意回答你的問題，只要你所提出的問題跟他們的專業與生命經驗有關，只要那個問題是正向積極並且充滿熱情的，他們一定能夠透過你的態度回想起以前的自己，接著掏心掏肺地與你分享一路走來的心得與感想。

如果幸運的話，你也可以透過這個方式找到一位適合自己的人生導師（Mentor），大幅降低並且有效縮短過程中可能經歷的風險以及所費的時間。

方式二・原型體驗

雖然說真實的人生得要親身經歷才算數，不過如果能夠透過虛擬體驗的方式，像是戴上 VR 眼鏡先感受一下身歷其境的感覺，絕對可以讓你少走很多不需要浪費的冤枉路。

我以前在加盟總部工作時，時常會遇見類似的客戶，他們生平最大的夢想是開一間特色咖啡廳，並且為了這個目標每天上班都拚命地工作，放假時更是四處走訪各地的人氣咖啡店朝聖，記錄下滿滿的心得筆記跟照片。

每次碰到這樣的客人，我都會建議他們最好能在簽約之前親自完成以下兩種原型體驗——

● 參加咖啡課程學習（體驗沖煮咖啡的過程）
● 到咖啡館打工實習（體驗咖啡館工作的日常）

對於曾經經營過咖啡廳的我來說，心裡十分清楚「熱愛喝咖啡」並不等於「喜歡煮咖啡」。隔行如隔山，一名「支持咖啡館的好客人」並不代表能夠成為一位「經營咖啡館的好老闆」，透過親身體驗的過程，你可以快速驗證自己內心最真實的感受。

說也奇怪，當時很多客戶進我介紹的咖啡廳工作體驗了一、兩天之後，就立刻打消了心中的創業念頭，因為他們整

天都在忙著服務客人、整理環境、清潔杯盤、核對帳務，根本就沒空好好坐下來喝杯自己親手煮的咖啡（笑）。

透過原型體驗的方式，你除了會發現自己內心一廂情願的偏見，也能夠預先窺見自己意想不到的未來！

方式三・設計腦力激盪（Design Brainstorming）

你一定做過腦力激盪，只要透過通力合作的設計師心態，聚集一群人共同進行發想，就能夠藉由擬定一個好問題，在短時間內催生出許多瘋狂的主意跟想法！

進行設計腦力激盪時有以下四點重要的原則──

❶ 重量不重質。

❷ 先接受所有的點子（不批評）。

❸ 接力別人的點子。

❹ 鼓勵瘋狂的點子。

在討論的過程中要時刻保持著「**不批評**」、「**不打斷**」、「**保持好奇心**」這三種生命設計師獨具的特質，先開放最大的可能性接納所有的意見，再透過主題分類的方式整理歸納好所有的點子，最後經由投票的過程選出最讓所有人興奮的創意好點子，接下來就能一起想辦法打造出原型了。

只要透過原型設計不斷創造新體驗，藉由快速嘗試、快速驗證、快速跌倒、快速修正的過程，你就可以快速試錯，打造出自己專屬的人生！

寫給 40 歲的自己

　　管理學之父彼得杜拉克在距今五十年前的一九七〇年代就曾說過：「已有成就的專業人士或經理人到四十歲左右時，就應該開始發展自己的第二職涯」。

　　另一位管理學大師韓第也接著在一九八〇年代提出了第二曲線（The Second Curve）理論，他認為在現有成長曲線還沒到達巔峰之前，就應該啟動變革嘗試不同的發展，如此才能在日後順勢銜接到新的第二條成長曲線，讓即將往下滑落的線條，有機會持續往更高的方向前進。這個理論除了適用於企業組織的成長，更可以套用在每個人的職涯規劃上頭。

　　依照台灣內政部的統計，在二〇二二年時台灣人平均壽命已達八十一歲，其中男性為七十八歲，女性為八十四歲。如果把人生比喻成一場籃球賽的話，四十歲恰巧代表了上下半場的分水嶺。無論你在上半場打得如何？獲得了多少分數？領先了別人多少？一但過了四十歲，比賽就會開始進入下半場，正式邁向倒數計時的最後階段。

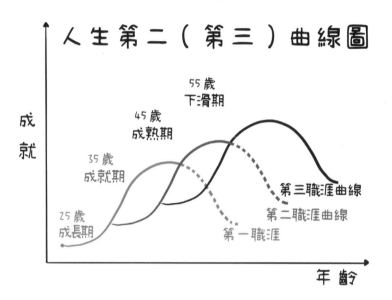

人生第二（第三）曲線圖

無論你是否願意，只要年滿四十五歲～六十五歲，就會成為符合勞動部法規定義的中高齡就業者，在就業市場上開始享有特定的保障跟權益。與此同時，你也將被迫面對一場無可避免、充滿焦慮的中年危機。

「中年」危機說穿了，是「使命」危機，也是「人生意義」危機。你到底要成為一個怎麼樣的人？這個答案只有你自己才會知道。我從大約四十歲左右就開始尋找人生下一階

段的目標、意義以及滿足感，就這樣一路找到了快要接近五十歲時，才終於發現它們的蹤跡。

　　我從一個朝九晚五、平凡的上班族搖身一變，成為了一位自由的多元工作者，好不容易才慢慢走出了自己的中年危機。如果將這段對於未來充滿了迷惘、不斷嘗試探索可能性的歷程串連起來，恰巧就形成了我自己人生的第二條曲線。

勇敢站上台成為了一位課程講師

　　越恐懼，越持續。人生中有很多必經的關卡，就算你再害怕、再不願意，早晚還是得要乖乖面對。更神奇的是或許有一天你會發現，那其實是自己生來就註定得要完成的使命。

　　我永遠忘不了小學時的第一堂說話課，第一次一個人站在講台上，對著台下的老師跟同學介紹一本讀過的課外讀物。當時講了什麼早就忘光了，只記得在開始後不久，我就緊張到轉頭望著教室窗外的天空，自顧自地背誦完了整本書裡的內容。

　　因為這次的經驗，我開始害怕上台，在之後的求學過程中也從未參加過任何演講類的競賽。直到二〇二一年一月一日，我在臉書的粉絲專頁上公開發表了下面這篇貼文。

新年新希望，你訂好今年的目標了嗎？

說來慚愧，我每年的心願幾乎都沒啥兩樣，像是：減肥、賺大錢、跟健康快樂。雖然前面兩項從來都沒有實現過，但慶幸的是自己總能堅持做到最後一項。就算什麼都沒有，至少還能擁有健全的身心，樂觀開朗地繼續面對既殘酷又現實的每一天！

不過今年，除了繼續減肥、賺大錢、健康快樂之外，我訂下了跟往年都不一樣的三個新目標：

1. 重回職場
2. 斜槓作家
3. 職訓講師

後來這三個夢想在二○二一那年都順利實現了，其中關於成為講師的部分，我當時是這樣寫的：

當腦中冒出這個願望時，會覺得自己是不是瘋了？

從小我就不是個乖學生，向來討厭那些在課堂上正經八百的科目，所以成績一直也好不到哪兒去。在這次的職訓課程中，我遇見了超過十位優秀且熱情的

老師，讓我重新找回了自己對於工作的熱情跟初衷。每一位老師都跟以前我小時候唸書時遇過的老師都不一樣，他們不會只逼著我們考試跟唸書，但會苦口婆心的分享自己的人生智慧、還有在職場上的經驗跟傳承。

〈2021 新年新希望〉

　　我一直有一個夢想，想要找到一個適合自己，能夠發揮能力，也可以幫助很多人的工作。如果有機會能夠擔任職訓的講師，分享自己這些年來學會業務行銷的技巧、職場上跌倒摔跤累積的經驗、展開斜槓寫作的探索冒險、還有這一路走來重新找回自己的生命歷程，這些內容都應該能夠幫助到一些跟我一樣在職場上感到迷惘的人吧！我想。

　　雖然不知道下一步該怎麼做，不過我會繼續思考下去，接著規劃好下一步，然後捉住任何可能的機會。

　　我要成為一位幫助很多人的講師！

在自己出書之後，我開始走上講台，鼓起勇氣跟大家分

享自己的故事，就這樣不斷講著，不停練習著。我心裡始終懷抱著一個「用生命影響生命」的遠大目標，希望有朝一日，自己也能跟心中仰慕的所有知名講師一樣，發揮出巨大無比的影響力。

我認為擔任課程講師或許會是一個適合自己、能夠發揮能力，也可以幫助很多人的工作。

我決定要好好打造這個生命原型，尤其是在寫下了奧德賽計畫，選擇勇敢離開職場之後。我開始認真學習、努力練習，不斷累積上課的經驗，正式踏上了成為一位專業課程講師的道路。

一步一腳印，逆轉人生的關鍵，就從下定決心踏出自己的下一步開始！

我能夠為世界帶來什麼？

好不容易走過了三十而立，四十而不惑，終於進入了五十知天命的年紀。此刻的你，已經找到了自己此生最大的任務以及使命了嗎？

無論人生的上半場過得如何，在比賽結束的哨聲響起之前，我們還是能夠把握留在場上的每一秒鐘，好好享受最後

的過程，並且迎接最終的成果。

在開始動筆寫這本書之前，我特地到戲院看了剛上映不久的《灌籃高手》電影版，這是一部自一九九〇年連載至一九九六年，陪伴無數人成長的熱血青春漫畫。受到這部漫畫的影響，當年不愛運動的我也開始打起籃球，連續看了好多年的 NBA 籃球賽，更存了好久的零用錢買下一雙捨不得穿的 Air Jordan 12 代籃球鞋。

湘北籃球隊安西教練講的那句：「現在放棄的話，比賽就結束了。」也拯救了正深陷於婚姻危機之中的自己。沒錯，我雖然剛結束了讓人不堪的上半場，但依舊擁有充滿希望的下半場機會！

時隔二十六年後重新回味這部經典的作品，我發現自己關注的焦點，已經從主角間的勝負之爭轉移到了每個人內心的成長蛻變。獲勝的隊伍雖然可以獲得榮耀，但落敗的隊伍卻能夠獲得啟發。透過一場關鍵的比賽，湘北隊裡的幾位主角放下了各自的英雄主義，開始齊心協力成為一個真正的隊伍，終於戰勝了全國大賽中最強的對手山王工業。

或許這輩子，我們都無緣當上最厲害的得分明星球員，但只要你願意，每個人都能夠擔任最強大的助攻神隊友，幫助自己以及其他人，一起成就更好的人生。

就連天才流川楓都願意在比賽中最關鍵的時刻，把最後一球傳給笨蛋櫻木花道投籃得分了，我們也得趕緊學會打開緊握的雙手，開始把焦點從自己的身上轉移到這個世界，從這一刻開始創造出別具意義的嶄新人生！

勇敢重啟人生

不知道你是不是跟我一樣，隨著年紀越大，越常會在心中浮現出「如果人生能夠重來一遍」之類的念頭。如果能夠回到過去，你會回到哪個時候？重新做出哪些改變呢？

《重啟人生》是日本電視台於二〇二三年初播出的一齣連續劇，故事中的女主角近藤麻美是一位在市公所上班的公務人員，在某一天遭遇意外死亡之後來到了一處「死後諮詢處」，她被櫃檯的服務人員告知下輩子無法投胎成人類，而是會成為一隻醜陋的大食蟻獸（超崩潰）。

與此同時，她也意外得知自己可以選擇再活一次，並藉由過程中所累積的陰德，重新爭取投胎成人類的機會。就這樣，麻美一次又一次重新啟動自己的人生，在經歷了五段截然不同的人生旅程之後，她終於在不斷尋尋覓覓的過程中，發現了生命真正的價值與意義。

一邊寫著這本書，我一邊追完了被譽為「年度最佳日劇」

的這部神作，最後令人出乎意料的結局除了深深感動了我，更讓自己開始重新思考人生最終的目的，究竟會在哪裡？

我們每天都這麼努力地活著，是為了自己這一生要過好日子？還是希望下輩子能夠得到好輪迴？抑或只是為了生命中那些重要的人事物？

你不必等到下輩子、下下輩子、下下下輩子。只要好好把握這輩子的時間，善用生命設計師的六種心態，隨時都能夠按下心中那顆重啟人生的按鈕，重新透過設計人生的五個步驟，不斷打造出有別以往的全新體驗。我相信，每個人都一定能夠找出專屬於自己的最後解答。

追劇國文課｜羊咩老師：如果能夠重啟人生，你會做出什麼選擇？

上一堂人生國文課｜羊咩老師：重啟人生或許可怕，但並不可恥！

寫給 50 歲之後的自己

快樂可以很簡單，但簡單不一定能夠帶來快樂。

在我的女兒還很小的時候，只要隨便遞給她一根棒棒

糖，她就能夠開心地吃上好長一段時間，甚至舔到一半還不小心會睡著（超可愛的）。

沒想到隨著女兒越長越大，挑剔的東西也越來越多，雖然我偶爾還是可以看見她興奮的模樣，但那僅限於少數她鍾愛的事物（而且時常會變來變去的）。

回頭看看從前的自己，其實也沒好到哪裡去，尤其是在出了社會開始賺錢之後，除了想要的東西越來越多，對於事物的要求也越來越高，然而，內心真正感受到快樂的時間卻越來越少。我原本懷疑自己是不是生病了，不小心得到了不懂得知足感恩的嫌棄病。

但其實，這是再正常不過的現象，我們可以透過心理學家亞伯拉罕·馬斯洛（Abraham Harold Maslow）於一九四三年發表的「需求層次理論」來合理解釋這一切的人類行為以及發展。

你一定聽過關於「生理、安全、愛與歸屬、自尊、自我實現」這五大層次的人類需求，但你可能不知道馬斯洛在十六年之後，又將人類的需求從原本的五大層次，近一步擴展成為了八階段的模型。

馬斯洛認為人類會先尋求四項基本需求（生理、安全、愛與歸屬、自尊）的滿足，當我們得到安全感之後，接著會

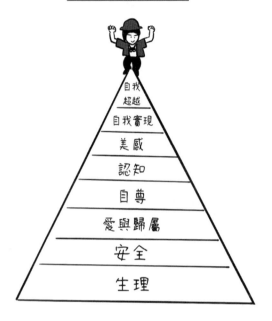

八階段需求層次理論

自我超越
自我實現
美感
認知
自尊
愛與歸屬
安全
生理

轉向另外四項心理成長需求（認知、美感、自我實現、自我超越），也就是追尋心靈上的渴望。

由於每個人對於心靈層次的需求都大不相同，因此關於需求層次理論的應用及討論仍以原本的五大層次為主。但對於好不容易終於踏入五十歲的人生下半場的熟齡朋友們而言，此刻正是滿足最後心理成長需求的最佳階段。就像是玩拼圖遊戲一樣，你得完成最後的任務才能無憾地結束此生。

五十歲之後的自己，究竟還能夠為世界帶來什麼呢？

透過一趟無預期的旅行，我找到了心中期盼已久的答案。

幫助更多人改變未來的人生

在寫這本書的期間，我獲邀參加了「台東嗨 Way」的旅行踩線團，從長濱到達仁經歷了一段長達一百七十六公里的東海岸蔚藍公路旅行，在旅途中分別透過了「海光走讀」成功音樂小鎮漫遊，以及「海村恰恰」魯加卡斯部落散步的行程，分別見證了兩段讓我永生難忘的偉大事蹟。

來自日本的菅宮勝太郎是一位政府官員，在一九二二年被派任新港擔任支廳長時就積極開發新港這座鄰近太平洋的小城市，不僅帶進了棋盤式街道的規劃、闢建新漁港，更把日本鏢旗魚的技術引進了東台灣，為成功鎮奠定了日後的發展基礎。

任期屆滿之後，菅宮勝太郎並沒有回到日本，而是選擇辭官留在自己親手打造出來的小鎮上，每日繼續眺望著眼前的新港，並且永遠長眠在這片自己最愛的土地。

另一位來自瑞士的錫質平神父則是於一九五三年來到大武鄉南興村傳教，將瑞士技職教育引進臺灣，教導原住民青年學習木工技能、製作家具，並創立了公東高工改變了許多

當地部落年輕人的未來。

錫質平神父將一生都奉獻給了部落，在晚年罹患腎臟癌末期後還將自己的醫療費捐出，修建了公東高工籃球場供學子們使用。最終由排灣部落族在頭目帶領下，將其遺體扛回南興村，安葬在本是頭目要使用的墓穴之中，並設立紀念碑供後人永遠追思感念。

台東嗨 Way

我參觀了座落在成功鎮上菅宮勝太郎的故居，也找到了位於魯加卡斯部落裡錫質平神父的紀念碑，他們兩位離開人世的時候都沒帶走任何東西，只替這個世界留下了滿滿的愛與祝福。

雖然起步得有點晚，但我希望將來也能夠跟他們一樣，為世界帶來更多美好的改變！

第四章
用夢想設計你的人生

二〇二一年十二月三十一日，我在個人網站上公開發表了自己新年度的十大夢想清單：

01. 每一天都要健康、平安、快樂。

02. 賺「100 萬」，讓日子過得輕鬆點。

03. 寫「第二本書」，裡頭要搭配自己畫的插圖。

04. 粉絲團破「一萬人」，成為台灣的「實現夢想」代表性人物。

05.「粉紅地獄辛辣麵」接到「業配」，進入前十大分類收聽排行榜。

06. 獲邀擔任「大型活動」的分享者（百人以上規模）。

07. 獲得一個屬於「創作者」的獎項鼓勵。

08. 獲邀合作「線上課程」，改變更多人的生命。

09. 上「電視節目」擔任來賓，讓更多人看見自己。

10. 瘦「10 公斤」，變成帥大叔。

雖然壓根兒就還沒決定書的主題要寫什麼，不過基於**夢想的三個特徵（夠動心、夠持續、夠恐懼）**，我還是很誠實地把「寫第二本書」這個目標放進了當時的夢想清單當中。反正只要先**大聲宣告，訂定目標**，之後再慢慢思考具體的內容就行了。

在完成了「台大設計人生 - 引導員培訓課程」之後，我決定把「設計人生」與「寫下實現夢想的日記」這兩堂課的內容結合在一起，同時實踐應用在自己的日常生活當中，並且開始構思《用夢想設計你的人生》這本書的內容。

當時透過「奧德賽計畫」的練習，我列出了自己未來五年的三種不同計畫——

- **PLAN A**：你現在正在走的路（兩全其美、委曲求全的人生）。
- **PLAN B**：如果事情生變的計畫（實在負責的人生）。
- **PLAN C**：如果沒有任何的限制（美夢成真的人生）。

在練習的過程中，我意識到自己習慣採取「被動」的姿態面對人生，無論是在工作或是夢想上，總是輕易地將主控權交在別人的手中，從來都沒有勇敢聽從過自己內心的聲音。

我的心裡十分明白，無論 PLAN A 或 PLAN B 都只是安全版本，還在自己的舒適範圍之內。而 PLAN C 雖然感覺上充滿了恐懼，卻跟自己的「人生觀」以及「工作觀」完全吻合，這其實才是「一致性」最高的一個版本。

幾經考量之後，我決定要勇敢地重新奪回自己人生的選擇權，不再被動地繼續倒數下去！

我將臉書粉絲團的名稱由原本的「倒數 60 天職場生存日記」改成了「Vito 大叔」，主動辭去了穩定的兼職工作，不顧一切踏出了執行 PLAN C 的第一步，朝向美夢成真的人生目標開始前進。

　　作家朋友曾彥菁 Amazing 曾在《有一種工作，叫生活》書裡分享過，在成為自由工作者之後，自己首年的收入只有將近十二萬，平均一個月一萬。她的書我反覆看了不下五遍，但直到親身經歷之後，才明白要度過那份煎熬有多不容易，尤其是面對最艱辛、也最痛苦的第一年。

　　夢想很豐滿，現實卻很骨感。二〇二二年期間，我每天都過著最低限度的美好生活，雖然心靈是富裕滿足的，但生活卻是艱辛困苦的。雖然早就做好了充分的心理準備，但我萬萬沒想到的是，自己竟然會突然面對一場婚姻危機，繼失業之後再度成為了一位失婚的男人……。

　　為了尋求一個解脫、一個答案，讓自己能夠心甘情願放下突然消失的這段婚姻，我報名參加了在二〇二三年二月一日於嘉義內觀中心舉辦的十日內觀課程。

　　在那段長達十天的內省過程中，我學會了放下心中的遺憾，開始改用一顆感激的心，祝福每一位自己曾經愛過，以及每一位曾經愛過我的人們，都能無時無刻過著寬心自在的

人生。

與此同時，我也決定要展開醞釀
已久的寫作計畫，開始動筆寫下自己
的第二本作品。

耐心等候，延遲實現。是時候，
該來好好實現這個夢想了！

內觀大哉問｜蔡哈
拉：給自己一個機
會，重新覺察並且
改變生命！

積極行動，勇敢嘗試

既然準備好了要寫書，下一步就是要找到一個願意支持
自己出書的出版社。

結束了內觀課程之後，我開始善用設計師**「說故事：分
享的力量」**以及**「通力合作：請別人幫忙」**的心態，透過自
己分享的文章，以及接受其他 Podcast 頻道採訪的機會，搶
先分享了正在動筆書寫的新書內容，希望能夠獲得出版社的
關注。

果不其然，**大聲宣告，訂定目標**發揮了神奇的魔力！在
公開向全世界說出了這個夢想之後不久，全宇宙便聯合起來
回應了我的請託。我除了接到過往合作過的出版社詢問之
外，也意外獲得了其他出版社的邀請。在幾次會議討論之

後，順利敲定了這本書的出版計畫。

曾經有不少創作者朋友們私訊粉專問我，究竟要如何才能找到願意幫自己出書的合作對象？

我想，只要能夠透過這本書中實現夢想的「壹壹法則」再加上「設計人生」的方法，你一定也能夠幸運找到願意投資自己的出版社，順利實現出書的夢想！

無論你相不相信，其實有無數的貴人（天使）一直都待在我們的身邊，正無時無刻等待著伸出手來幫助彼此變得更好。只要你願意，也可以透過分享以及合作的方式，成為其他人的「人生設計夥伴」。

搞定了出版夥伴之後，我終於要誠實面對自己，展開一場孤獨的創作過程。

堅持下去，不停前進

作家村上春樹曾經形容過，寫長篇小說的過程跟往自己內心深處挖井很像，從意識挖到潛意識，有著非常陰暗，讓人看不清，連他自己都不懂的地方。

寫作的過程對於我來說，跟村上大叔形容的十分雷同，感覺自己透過鍵盤打下的每一個字，就像是拿著鏟子用力挖

起的每一寸土一樣，裡頭都乘載著過往的人生以及回憶。

在這個看似人人皆可出書的時代，要寫出一本讓自己心滿意足的作品，依舊是件十分不容易的事情。這就像你儘管已經參加過了一百場馬拉松比賽，每次都還是得乖乖從起跑線開始出發一樣。

趁著採訪之便，我好奇詢問了每一位來到「粉紅地獄辛辣麵」節目的作者來賓，請他們分享自己寫書的經驗。結果發現，每個人習慣的寫作方式都不同，它就像是每個人獨一無二的人生，都各自擁有截然不同的樣貌。

總結所有的建議，再加上自己歷時四個多月的寫作經歷，我歸納出以下幾點個人的心得，提供給每一位創作者們做為參考。

安住當下，沉浸心流

曾經聽過很多前輩分享，要養成運動習慣最重要的第一步，就是從強迫自己換上運動服出門開始。其實寫作也是一樣的道理，最關鍵的動作就是「從開啟電腦，打下第一個字開始」。

唯賀國際餐飲吳家德總經理在接受我的訪問時提到，寫作最大的一個訣竅就是替自己找到一個喜歡的地方（可以是

咖啡廳、圖書館或是自己的書房），先關掉所有的社群軟體，然後一屁股坐下來，**直到寫完整篇文章之前，千萬別站起來離開位置！**

日理萬機的他，就靠著這個如同苦行僧般腳踏實地的方法，有紀律地維持著每一～兩週創作一篇文章的速度，用整整一年的時間完成了自己的第五本新書《生活是一場熱情的遊戲》，透過一本又一本的精彩著作，成為了深受大家歡迎的暢銷作家。

世上的道理聽起來往往都很簡單，但唯有當你親身嘗試過後，才會知道那其實有多難。我在寫這本書的期間曾經嘗試去過許多不同的地方，但一直都沒有找到能夠讓自己感覺文思泉湧的適當場所。

後來我終於發現，其實真正的關鍵在於你內在的「心」有沒有沉靜下來。外在的環境只是一個輔助，能夠找到有冷氣有音樂讓自己覺得舒適的地點固然很好，但也很有可能會因此喪失了你原本就稀缺的注意力，經常在坐下來摸東摸西、搞了好幾個小時之後，才發現竟然連半個字都沒寫出來。

經過了多次的嘗試以及調整之後，我替自己訂定了以下三點創作守則：

❶ 直接在家中寫作，節省下到外頭消耗的交通時間以及

餐飲成本。

❷ 於寫作前靜坐二十分鐘，除了讓自己的心沉靜下來，也讓吵雜的腦袋停止運轉。

❸ 每次創作以九十分鐘為一個單位，期間關閉所有的社群通知，在鬧鐘響之前不做其他干擾的事情。

生活是一場熱情的遊戲｜吳家德：每天都要用快樂的心情與世界對話！

因為有效控制住了浮躁的心，我也總算能夠順利進入創作的心流狀態，光是走過這個階段，就足足耗費了兩個多月的時間。

> 小建議：要建立自己專屬的寫作儀式，每天安排一個固定的時間，有紀律地持續進行創作產出。

誠實表述，捨棄完美

好不容易定下心來寫作後不久，我就遭遇到了第二道難關，開始落入了反覆微調的文字地獄之中，越寫越覺得自己寫得不好，也越改越喪失了信心……。

這個階段又卡住了好一段時間，直到暢銷書《內在原力》與《原力效應》的作者愛瑞克愛大當面提醒了我，千萬別讓心中的完美主義拖累了寫書的整體進度。我才開始放下了心中想要「一鼓作氣寫完一本書」的不切實際幻想。

我開始透過各個章節擊破的分治法，一次只先專心構思一小段的內容，最後再慢慢組合出整本書的樣貌。同時也採用了知名企業講師趙胤丞老師所分享的方式，在第一階段先專心寫出完整的初稿，等到進入第二階段的編輯程序之後，才開始進行細部的微調以及整體的修正。

原力效應｜
愛瑞克：透過逆向
時間表，控管
關鍵環節！

雖然說慢工出細活，但在截稿的時間壓力之下，你還是得要學會有效地控制好寫作的進度，才不會延誤到新書預計上市的時間。

時刻覺察，歡喜感恩

回顧寫這本書所經歷的一切，簡直就像是一場「設計人生」的終極試煉。

這四個多月來的每一天，我不斷透過生命設計師最重要

的三種**成長思維**，以及獨特的**六種設計心態**，來面對寫作過程中遭遇的困難與挑戰。好不容易走過了設計人生的**五個執行步驟**，經過了多次的調整與修正後，才終於完成了你正在閱讀的這本作品。

當人生的計畫總是趕不上變化時，你除了得接受不如預期的結果，更得快速調整進行應變。就如同每個新創公司奉為圭臬的「小步快跑、快速迭代」心法一般，要相信自己踏出的每一步都有其存在的必要性，而每一次的挫折都帶來了優化的可能性。

一切都是過程，只要完整走過，你一定能夠抵達最後的終點，擁抱自己所打造出的成果。

隨著原本約定好的交稿日期一拖再拖，我終於壓抑不住心中的焦慮以及恐懼，除了開始懷疑自己更逃避起了寫作。當我覺察到生活已經失去了平衡的當下，立刻決定了要恢復正常規律的日常作息，除了寫作之外，每天都要好好開心過日子，重新找回人生儀表板上的健康、遊戲、愛跟喜悅。

在這本書完稿的同時，我也終於設計完成了自己的人生，透過不斷實現一個又一個心中的夢想，繼續朝向著無限可能的下一個目標前進。

實現夢想的點線面

還記得到台東旅行的那幾個晚上，我一個人躺在民宿的屋頂上頭，一邊喝著冰涼的啤酒，一邊望著眼前璀璨的星空，突然間有股衝動，想要找出自己星座的位置跟模樣。於是我拿出了手機開始搜尋，結果發現每個星座其實都是由好多顆星星一起組成的，舉個例子來說，我的獅子座形狀是下面這個樣子。

坦白說，我完全不覺得牠看起來像是獅子（感覺更像是尼斯湖水怪），其他的每個星座也都是差不多的狀況，你必

獅子座

需得具備一定的「想像力」，才能夠順利在天空中拼湊出他們各自的樣貌。

看著滿天的星星，我情不自禁回想起了過去那些日子裡發生的每一件事情。那一顆又一顆不停閃耀的星星，就彷彿在自己生命中一個又一個的夢想跟目標。

當你單獨看待每個事件時，或許會搞不清楚它為何發生，但如果你願意將相關的事件慢慢串連在一起觀察，就會發現眼前突然出現了一條美麗的軌跡，就像是設計人生中的 Wayfinding Map 練習一樣。

每個人小時候應該都玩過一種遊戲，叫做「點點連線畫」，在空白紙上會有很多畫好的點點，點點旁都有個不重複的阿拉伯數字，你必須依照數字的順序，把點點一個又一個串連起來。剛開始時因為找不到正確的點點所以速度會很慢，但畫著畫著隨著圖像漸漸成形，進度就會越來越快，到最後甚至不必照著數字就能夠找出正確的路徑。

人生其實就像是一場自我探索的遊戲。當你願意放下心中對於過往的批判，開始公平客觀地看待日常生活中的每一次體驗，你會發現無論當時的結果是成功或是失敗，過程是開心或是難過，那些全都是屬於自己生命的一部分。

猜猜看這是什麼動物?

如果缺少了最關鍵的那一個點，就沒法連成最重要的那一條線。要是遺漏了最有意義的那一條線，就沒法構成最有價值的那一個面。

只要透過下面三個步驟，把自己曾經做的事情一個一個串連起來，就能搭建完成一個實現夢想的平台，打造出自己衷心期盼的理想人生，這個策略是不是超棒的呢！

❶ 完成三個目標點（圖文作家、Podcast 主持人、課程講師）。

❷ 連成三條價值線（稿費、業配代言的收入、授課演講所得）。

❸ 形成一個夢想面（個人品牌獲利）。

想像一下，如果你又再實現了一個新的目標，那就會變成四個點、六條線、四個面，只要繼續延伸下去，就能持續用更多的夢想打造出越來越精彩的人生！

3 個點 vs 4 個點

三 個 點

四 個 點

結語

　　經過六百天的努力之後，我終於用夢想設計出了自己的人生，成為了一位圖文作家，同時製作主持「粉紅地獄辛辣麵」以及「分手的 99 個理由」兩個 Podcast 節目，偶爾會擔任課程的講師，最大的樂趣是透過「大叔診聊室」幫助迷惘的人們走出低谷、重新找到人生的下一個目標與方向。

　　在自己的第一本書中，我曾經許下了一個心願：「想要找到一個適合自己，能夠發揮能力，也可以幫助很多人的工作。」後來我發現，那個工作就是**做我自己**。

　　在寫這本書的過程中，我立下了一個新的目標：「想要打造一個符合自己，能夠發揮天賦，可以影響更多人的人生！」於是我開始多方嘗試，

分手的 99 個理由

才慢慢打造出了此刻擁有的多元角色。

這本書如實記錄下了我在設計人生路上一路學習、經歷的一切，也代表了自己宣誓要成為「設計人生教練」，協助更多人實現心中夢想的一個里程碑。

最後希望透過我的故事，能夠帶給你一些啟發與收穫，我想要讓每個人都知道，只要勇敢相信並且採取行動，就能夠實現心中許下的每一個夢想，設計出屬於自己獨一無二的人生。

就讓我們從此刻開始，勇敢踏出改變未來的第一步吧！

致謝

　　人生中不會有任何一條白走的路，更不會有任何一本莫名其妙寫（讀）完的書。

　　我要特別謝謝自己的設計人生啟蒙教練佑瑄，以 Detour 人生設計團隊裡每一位熱情的夥伴，因為有你們願意給我再一次學習的機會，不介意在課堂上總是有個看起來很突兀的大叔在台下專心聽講，才能順利埋下了這本書誕生的種子。

　　感謝支持這本書付梓出版的方舟出版社淑雯總編、雋昀主編、芳如，以及幫助過大叔的每一位夥伴們，很抱歉延誤了承諾交付稿件的時間，請大家能夠原諒。

　　感恩我的母親鄧淑貞女士的照顧與體諒，因為有您的愛與接納，我才能夠心無旁騖地又一次完成了心中的夢想。我會認真努力賺錢、好好用心生活，成為一個讓您感到驕傲的兒子！

感激在過去三年期間所有遇見的朋友，因為有你們參與我的生命，才累積出了這本書中所有的故事與內容。尤其是我的 Podcast 搭擋品希女神，因為有妳充滿溫柔與智慧的陪伴，我才能安然度過生命中最徬徨無助的黑暗，順利實現成為節目主持人的夢想。

最後要謝謝每一位支持我的讀者與聽眾朋友們，走在孤獨的創作路上，因為有您們的鼓勵與陪伴，何其幸運的我才能夠堅持到今天，不斷繼續努力活出越來越精彩的人生。

Note

Note

心靈方舟 0053

用夢想設計你的人生：

600 天生命蛻變奇蹟!Vito 大叔的 365 人生設計課

作　　者　Vito 大叔（蔣宗信）

封面設計　張天薪
內文設計　薛美惠
主　　編　林雋昀
特約行銷　林芳如
總 編 輯　林淑雯

出版者　方舟文化／遠足文化事業股份有限公司

發　行　遠足文化事業股份有限公司（讀書共和國出版集團）

　　　　231 新北市新店區民權路 108-2 號 9 樓

　　　　電話：（02）2218-1417　　傳真：（02）8667-1851

　　　　劃撥帳號：19504465　　戶名：遠足文化事業股份有限公司

　　　　客服專線：0800-221-029　　E-MAIL：service@bookrep.com.tw

網站　www.bookrep.com.tw
印製　東豪印刷事業有限公司　　電話：（02）8954-1275
法律顧問　華洋法律事務所　蘇文生律師
定價　380 元
初版一刷　2023 年 12 月
初版三刷　2024 年 2 月
ISBN　978-626-7291-74-0
書號　0AHT0053

國家圖書館出版品預行編目 (CIP) 資料

用夢想設計你的人生：600 天生命蛻變奇蹟!Vito 大叔的 365
人生設計課 / Vito 大叔（蔣宗信）著. -- 初版. -- 新北市：
方舟文化, 遠足文化事業股份有限公司, 2023.12

　　面；　公分. --（心靈方舟；53）

　　ISBN 978-626-7291-74-0（平裝）

1.CST: 自我實現 2.CST: 生活指導 3.CST: 成功法

177.2　　　　　　　　　　　　　　　　　　112017485

方舟文化官方網站　　方舟文化讀者回函